教養としてのアントニオ猪木

著・プチ鹿島

双葉社

教養としてのアントニオ猪木

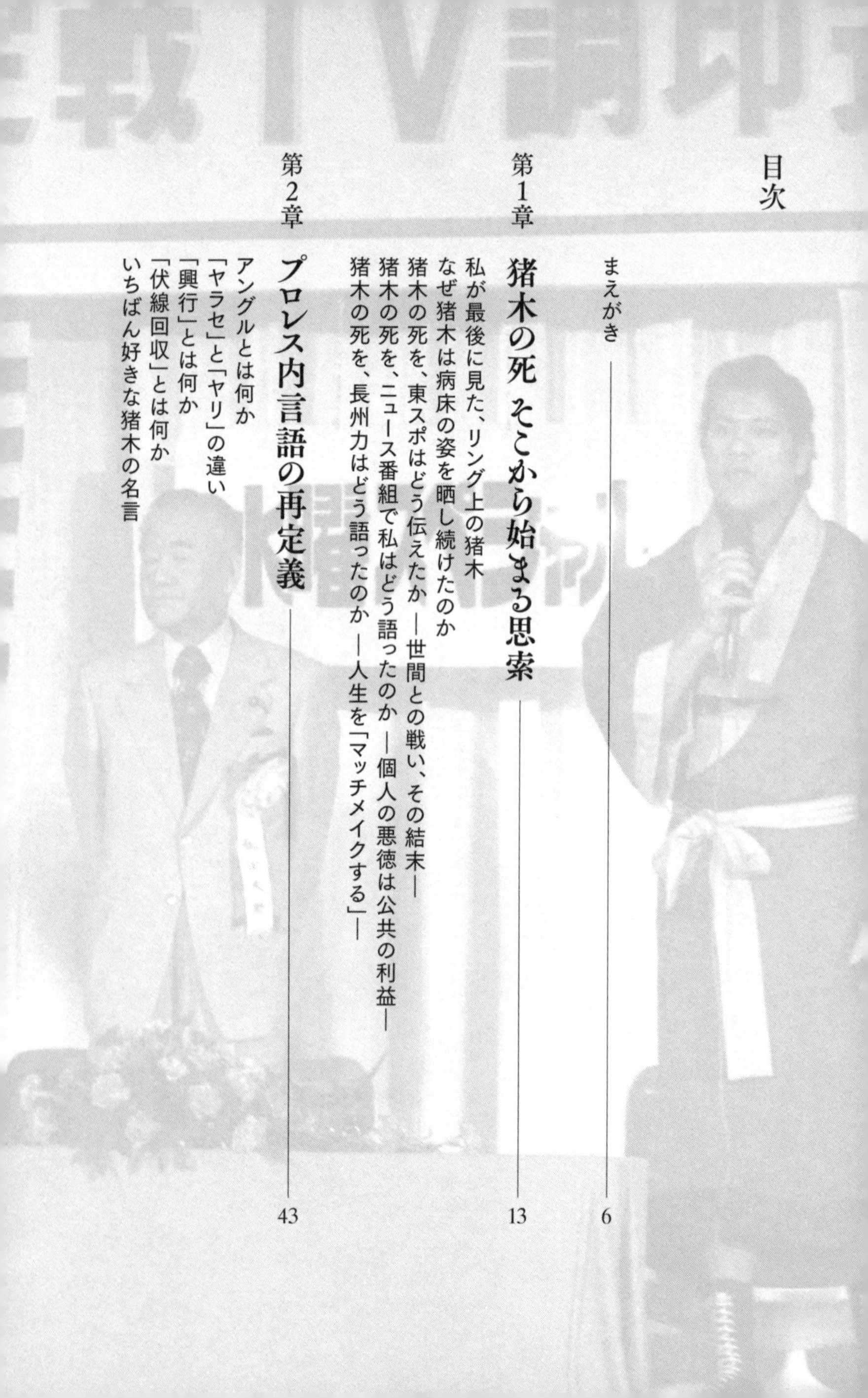

目次

まえがき

『教養としてのアントニオ猪木』というタイトルを見て、大きく振りかぶったなと思った方は少なくないだろう。お前に猪木の何がわかるのだと。そんな資格はあるのかと。まったくその通りだ。

そもそも100人いれば100人の見方や考え方があるのが猪木の魅力である。

ではなぜ『教養としてのアントニオ猪木』なのか？　これは、私からの教養本ブームに対してのささやかな抵抗である。いま『教養としての〇〇』という本はやたらと多い。これ一冊を読めば、この分野はオーケーという絶妙なお誘いに思える。忙しい人々にとっては手軽にとれる栄養補給のような感覚なのかもしれない。

でも教養ってそんなに簡単に手に入るものだろうか？

周りから見れば無駄としか思えない時間を費やして、ようやっと教養らしきものは身にまとえるはずだ。アンチコスパこそ教養ではないか？　ここ数年薄々そう思っていた。

さてここまで書いて告白するが、私は2014年に『教養としてのプロレス』を出版している。なんだお前も教養本を出しているじゃないか、一枚噛んでいるじゃないかと思うであろう。

あの本で私が書いたのはコスパ教養ではない。世間からは教養と思われないような分野をひたすら見ていたら、自分だけのモノの見方を獲得できた面白さであった。どんな分野でもいい。時間を忘れるほど熱中できるものがあれば、そこで培われた視点や思考から、世の中のことも見え始めるのではないか？　そんな思いで書かせてもらった。

今回の『教養としてのアントニオ猪木』は、あれから10年ほど経った現時点でのモノの見方と言っていい。10年経てば考えが深まったり変わったりすることがある。当時の考えや表現には、自分でも古さや至らなさを感じる部分もある。でも人間ならじわじわと一歩一歩、前に進むしかない。迷わず行けよ、行けばわかるさ。私にとって大好きなジャンル「アントニオ猪木」を通し、もがいて悩んで考えた姿を見ていただきたいのである。

ちょっと前、牛丼チェーン幹部の「シャブ漬け」という発言が炎上した。若い女性に対するマーケティング戦略について、「生娘がシャブ漬けになるような企画」と発言したのだ。講演に来ていた人を面白がらせようと、またはインパクトを残そうと思って使ったのだろうが「シャブ漬け」なんて専門外であろう言葉を得意げに使っていることにも私は驚いた。

なぜ言葉に敏感になるかと言えば、ネットスラングでしかない「プロレス用語」を平気で使う人をよく見かけるからだ。プロレスの現場で取材する人に確認してもそれらの言葉、たとえば「ケツ決め」や「勝ちブック」などは聞いたことがないという。現場の人も知らない言葉がネットでは使われているという事実。ここから学べることは人の振り見て我が振り直せである。知ったかぶりはしない。「知らない」自分を「知る」という態度は大事ではないだろうか。

私は小学生の頃からプロレスを見てきた。アントニオ猪木は引退のときに「いまだにプロレスがわからない」と言っていた。だったら、私や観客は見れば見るほどわからない。だからこそ知りたくなって懸命に見つめる。時間をかける。

子どもの頃から、試合で起こったトラブルとか、なぜあのレスラーは移籍してしまったのかとか、そういうことを知りたくて新聞や専門誌を一生懸命読んでいた。そんなことをしていると「あれ、この情報は怪しいからまだ一人だけで楽しんでいたほうがいいな」「まだ、人には話さないほうがいいな」となってくる。これっていわゆるリテラシーと同じだったのかもしれないが、私は胸を張って野次馬精神だと、いまも言っている。

当時のプロレス情報はゴシップ情報も多かった。試合レポも主観で書かれたものが面白かった。だからあの頃からのプロレスファンは「情報の楽しみ方」には強いのだと思える。

私は新聞の読み比べが好きだが、なぜ好きかというと、同じ出来事やニュースでも新聞各紙で切り口が全く違うからだ。どこから見るかで捉え方がまるで違うところが面白い。これはプロレスからも学べた。視点の違い、団体とのしがらみ、記者とレスラーとの付き合いの距離、記者のその日の気分など、いろいろな要素が集まって記事ができていることを実感した。だったらどれも読めばいい。それぞれ読み比べて、自分の意見を決めればいいと思ったのだ。

いろいろな情報を見たり、聞いたり、読んだりしても、真実は必ずしもわからない。自分が真実と思っているものはいろいろな情報を得た上での自分の真実らしきものということを自覚しておくことが大事である。これは猪木から学んだ大事なことの一つでもある。

この本は私にとって途方もない時間をかけて見た「アントニオ猪木」について書いたものである。その結果、考えれば考えるほどわからないという教養があってもいいと思うようになった。そのプロセス（経過）だけでも良いのではないかと。無駄と思われる時間こそ本人にとっては尊い。そんな気づきを与えてくれた猪木さんやプロレスには心から感謝したいのです。

TEAM

第1章

猪木の死　そこから始まる思索

私が最後に見た、リング上の猪木

私がこれまで接してきたプロレス的修辞には「緊急事態」とか「非常事態」という表現が、よくあったように思う。しかしこの数年で発せられた「緊急事態宣言」とはまさに正真正銘、社会に出されたものだった。非日常で消費されていた言葉が、日常に侵入してくる事態であった。

結果として、私がリング上にいる猪木を最後に見たのは、コロナ禍になりつつあった2020年2月29日におこなわれた武藤敬司プロデュースの「プロレスリング・マスターズ」だった。政府がイベントの自粛を「要請」した数日後にこの興行は決行された。

決行する理由もあった。メイン終了後に「アントニオ猪木60周年セレモニー」を控えていたのだ。猪木の来場も告知されて、チケットは即完売。その話題性のなかでコロナである。

私は小さな声で言うが「猪木らしい不謹慎なタイミングだ」と思っていた。猪木のプロレスこそ不謹慎だからである。世の中の反射鏡が猪木プロレスだった。もうあんな激しい日々は過去のものだと猪木ファンも穏やかになっていたが、なんと今回「コロナの中で登場する猪木」という不謹慎な状況が訪れた。あの頃の猪木が帰ってくる。私は小さな声で言うが、ワクワクしてしまった。

そして当日。観客はいよいよ最後のセレモニーを迎えた。

リング上はロープを全部外して、アントニオ猪木がリングに上がってこられるように準備していた。体調は思わしくないようだ。

しかし、ああ猪木だと思ったのは付き人に抱えられながらやっとリングに上がったあとだ。そのまま椅子に座ればいいのに立ったまま。それだけでなく赤いマフラーをパーッと掲げ、コールされてガウンをバッと脱ぐような現役時代の雄姿そのままを見せてくれたのだ。もうたまらなくなった。猪木はいつ何時もスーパースターなのである。

セレモニーが盛り上がる中、猪木は「さっきビール飲んできちゃった」とマイクで言った。周囲も観客もきょとんとしたが、猪木はコロナウイルスとコロナビールをかけていたのである。なんという不謹慎なギャグ。そのあと次々に猪木に闘魂ビンタをされる弟子たち。みんな過去の恩讐を超えてうれしそうだった。藤波も長州も前田も武藤も蝶野も。彼らを見る観客も幸せを感じていた。

アントニオ猪木がリングに登場したのはこの日が最後となった。不謹慎なタイミングだったかもしれないが見にいってよかったと、いま思う。

なぜ猪木は病床の姿を晒し続けたのか

本当に好きな人が亡くなったら何から語っていいかわからない。

2022年10月1日以降、しばらくの間、言葉数が少なくなった方も多いと思う。私もそうでした。猪木が死んでしまったのだ（少年時代から呼んでいた「猪木」と、敬称略で書かせていただきます）。

猪木は亡くなる直前までYouTubeでも「世間」という言葉を使っていた。プロレス対世間は猪木の人生だった。病状をすべて晒していた姿に、ファンからは称賛の声が多かったように思う。考え方を変えてみると、病魔と闘う姿を我々に見せていたのかもしれない。世間に対し「ほら、オレはいつだって真剣勝負だぞ、命を懸けているんだぞ」という姿を見せつけていたと解釈したい。

人間はいつか必ず死ぬ。私はこれまで「病魔に負ける」とか「力尽きる」という表現にどうしても納得ができなかった。それなら、人間は最後には必ず、負けるということか？　死という結末は決まっているのだから、私たちは全員「負け」なのか？　と。

しかし、ここでも猪木は大事なことを教えてくれていた。

猪木を見て学んだことの一つに「過程（プロセス）の大切さ」があった。プロレスは試合結果も大事だが、試合の内容や過程こそが大事だと学んだ。過程（プロセス）に興奮できるかどうか。

たとえば1984年6月14日に行われた第2回IWGP決勝戦のハルク・ホーガンVSアントニオ猪木。前年の同対決は猪木の「舌出し失神KO負け」という結末だったので、ファンは今回こそ猪木のスッキリとした勝利を期待したが、結果は長州力の乱入という不透明なものになった。猪木は観客を裏切った。「もう猪木はダメだ」とファンは怒り悲しむのだが、あきらめかけた頃に猪木は感動的な勝負をみせるのだ。

ホーガン戦の約1カ月半後に行われた長州力戦（8月2日）。荒れた試合になるかと思いきや、序盤はしばらくグランドレスリングの攻防で観客を唸らせた。長州が得意技のサソリ固めをかけると猪木は何分間も耐えた。さらに後半では猪木が見事なブリッジを見せ、長州がそのまま猪木の上に乗ってもびくともしないシーンがあった。解説の櫻井康雄氏は「うーん」と声にならない声をあげ、「私はね、本当にね、猪木が戻ってきたというね、そういう実感を味わっていますね」と感無量につぶやいてお茶の間の感動を誘った。

もうダメだと言われると、手の平を返すように忘れられない名勝負をする猪木。こういう猪木を見ていたら、答えをすぐに出すのではなく過程（プロセス）もしばらく見続けようと思ったのだ。何度こんな気持ちにさせられたか。

そう考えると猪木は「今回も」過程を見せてくれたのではないか。結末があろうがなかろうがそんなもの関係ねえよ、という。生きているこの一瞬一瞬こそが大切なんだよ、という。猪木らしいプロセスにこだわるプロレスだったのだと私は受け止めた。そういう真剣勝負を猪木は見せてくれたのではないだろうか。

訃報を伝えるニュース番組では、1976年に行われた「猪木・アリ戦」を取り上げる番組が多かった。ボクシングの世界チャンピオンであったモハメド・アリをリングに上げて戦った偉大さを伝えていたのだ。またしても、猪木アリ戦は注目された。私も再度、当時の報道を調べなおしてみた。あの試合を目撃した著名人は、どう評したのか興味深かったのである。今でこそ総合格闘技という概念は普及しているが、そんな発想がない時代に突如提示されたあの試合に、何とコメントするか？　これこそに、その人の持つ「モノを見る眼」がわかる気がしたのだ。では幾人かのコメントを紹介しよう（参考『G SPIRITS・12号』辰巳出版）。

まず俳優の渥美清。

《このアリ戦など、相手はピストルを構えているようなもの。それを承知で素手で決闘をやる

なんて、猪木さんだからできること。全くこの人、やること、なすこと、けたが違うもんね。マイッタよ。》（大会パンフレット）

寅さん、やっぱり素晴らしい。

詩人の寺山修司は《この対決は私にとっては一種のロマン、活劇、フィクションです。夢がありますね。ですからこの対決の興味は猪木が勝つか、アリが勝つかという単純な勝ち負けよりも、試合のラストシーンに至るまでのプロセスですよね。虚々実々のかけひきの面白さ、アリ、猪木側とも、どういうラストにしようか画策を練っていると思いますよ。》（スポーツニッポン）

続いて、この方。

《アリをリングにのせ、引き止めておけただけで『世界の猪木』になったと思う。》（三船敏郎・東京中日スポーツ）

さすが「世界のミフネ」である。では「世界の王」はどうコメントしたか。

《やっぱり興味ありますネ。いったいどんな戦いぶりになるのか。勝負は引き分けになると思いますが、猪木に勝ってほしいです。》（王貞治・報知新聞）

あっさり「勝負は引き分けになると思いますが」とポイントをとらえてホームランを打つ世界の王であった。

当時、王と同じ巨人に在籍していた張本勲はどうか。

《僕は初めから引き分けだろうとみていた。あんなことするから八百長だなんて声があがるんだよ。》（日刊スポーツ）

そういうとこだぞ、張本。王さんとは気品が違いすぎた。

今読んでも感心するのがこのコメントだ。

《そもそも格闘技のプロが、本気になって喧嘩するのなら、それは見世物にはならぬ、一瞬のうちに決着がつくか、あるいはにらみ合って過ごすかどっちかであり、今回の場合、後者だったのだ。》（野坂昭如・報知新聞）

キックボクシング経験者でもある野坂氏の言葉、慧眼としか思えない。

いかがだろうか。当時の文化人、有名人の「コメント力」がわかるから面白い。アントニオ猪木はいつだって「モノの見方」を私たちに提示してきたのだ。それはこれからも同じである。

私は子どもの頃から、「死ぬなっ、猪木！」と何べんも思ってきた。でも最期の最期まで戦う姿を見せてくれた今回は、安らかにと心から思う。ありがとうございました。

猪木の死を、東スポはどう伝えたか ―世間との戦い、その結末―

新聞各紙は猪木の死をどう報じたのか。実はこれ、猪木ファンにとっては大切な読み比べ案件なのです。猪木にとって、一般紙で自分やプロレスがどう書かれるかは人生の闘いでもあったからだ。

たとえば、《現役時代は「怒り」を戦うエネルギーに替えた。》(日刊スポーツ10月2日)

それはなぜか。かつて猪木は言っていた。

《一般紙はプロレスをいっさい掲載しなかった。他のスポーツと差別され、世間も色眼鏡で見た。「すし店で『プロレスは八百長だから』と話していた客をたたき出した。そんな世間の目とも戦ってきた」》(同前)

「世間」の偏見に対して怒り、エネルギーを燃やした猪木。でも一方で、猪木ほど「世間」を求め、「世間」から慕われた人間もいなかった。ここが世間の関心を渇望せずとも、自然と注目を集めた他のスーパースター、たとえば長嶋さんや王さんとは異なるところだ。そういう意味で、猪木は本当に稀有な存在であった。

そういえば公式YouTubeチャンネル「最後の闘魂」で配信された動画を見ると、猪木は亡くなる直前まで「世間」という言葉を使っていた。

猪木は「プロレスに市民権を」と訴え（猪木のおかげで私は「市民権」という言葉を辞書で調べた）、プロレスの強さを証明するために、異種格闘技戦に乗り出した。これは「プロレス内プロレス」で王道を歩んでいるライバル・ジャイアント馬場への逆転の策だったとも言われる。ボクシングや柔道などメジャースポーツの一流選手と闘い、もし勝てば、一気に「世間」において知名度と存在感で馬場を超えることができるからだ。

「プロレスの外」に目を向け、話題になることも狙った、言わば炎上商法の元祖だった猪木。「いつ何時誰の挑戦でも受ける」という言葉は各方面を炎上させるだけでなく、誰からも馬鹿にされない実力をいつか示すというコンプレックスとの闘いでもあったように思う。

異種格闘技戦の白眉は、ボクシング世界ヘビー級王者モハメド・アリとの決戦だった（1976年）。

しかしアリ戦は酷評される。当時のスポーツ紙を見てみよう。

『世界中に笑われたアリ・猪木』『〝スーパー茶番劇〟なにが最強対決』『サギだ！ペテンだ！』（日刊スポーツ）

『なんだ！アリ・猪木』（デイリースポーツ）

『〝残った赤字〟3億円』（スポーツニッポン）

『寝技に乗らぬアリ 看板倒れ ファンどっちらけ』(報知新聞)
『寝たきり猪木、アリ打たず』『世紀の上げ底ショー』(サンケイスポーツ)
猪木は後年、次のように語った。
《アリは一言しゃべれば世界中が耳を傾けてくれる。だけどオレが何かしゃべっても、誰も聞いてくれやしない。自分だけが取り残されていくむなしさを感じた。しかも莫大な借金まで背負ってしまった。一言で言えば挫折ですよ》(スポニチ10月2日・二宮清純『悼む』)
あれから46年経った現在、アリ戦の評価はどうか。
『総合格闘技が生まれた瞬間』(日刊スポーツ10月2日)
時間が経つにつれてアリ戦の攻防の凄さや先見性を「世間」から認められたのである。スポーツ紙も今ではふつうにプロレス情報を載せるようになった。
では、一般紙・全国紙は猪木の訃報をどう報じたか。小さく報じて終わりなのだろうか？　すると……。
朝日、読売、毎日、産経、東京、日経のすべてが猪木の訃報を大きく伝えた。朝日新聞は『アントニオ猪木さん死去 プロレス「燃える闘魂」元参院議員』(10月2日)と一面の真ん中で伝え、さらに社会面で『闘魂 リングで政界で 猪木さん』。そしてなんと、スポーツ面に『猪木イズム 戦い続けた』という記事も。

スポーツ面でも報じたのは、毎日新聞、東京新聞も同じだった。
『迷わず行ったさ 猪木道』(毎日新聞)
『猪木さん死去 闘魂の軌跡 迷わず行けよ 貫いた一本道』(東京新聞)
猪木さん、あなたの闘いの数々が「一般紙のスポーツ面」に載っていますよ!
「一般紙はプロレスをいっさい掲載しなかった。他のスポーツと差別され、世間も色眼鏡で見た」と憤っていた頃の猪木に見せてあげたい。

そんな猪木だが決して聖人君子でないところもよかった。サンスポの『悼む』(稲見誠)は「魔性の男」と評していた。確かに「自分が一番猪木のことを知っている、考えている」とすべてのファンに思わせてしまうのが、猪木だった。「あの試合の猪木はこうだった」と猪木を語ることでの自分語り。さらには「自分だけは猪木を見捨てない」とファンに思わせ、彼らの人生を狂わせた。

だからだろうか、近くにいたらさらに振り回されそう、遠くの客席から見るのが一番だと子ども心にも思わせたのが猪木だった。非日常の世界に棲む人の楽しみ方を教えてくれた。

スポニチでは元担当記者の佐藤彰雄氏が、猪木を「ルパン三世」に例えていた。初の異種格闘技戦で柔道家のウィリエム・ルスカが猪木と戦った後、「『殴る蹴る』は事前のルールで禁止事項だった。あれはスポーツマンのすることではない」とぶちまけた。ようは、猪木は平然とケンカ殺法を仕掛けたのである。このことについて佐藤氏は、こう書いている。

≪ルスカの正義に応えなかった猪木さんは「ルパン三世」のような人だったと思う。（略）漫画の中でルパン三世は、読者をあざむき、最後の最後まで裏をかいてはほくそ笑み、悪党でありながら憎まれずに愛される魅力的な男だ。≫（10月2日）

私たちファンは幾度も猪木こと「ルパン」にだまされ、それがまた心地よかった。聖人君子ではないヒーローだった猪木。

猪木が投げかける謎、行間、生きざまはプロレスファンを鍛えてくれた。物事を自分なりに考えるという人生の楽しみを教えてもらった。

猪木は客席から見るのが一番だと思っていた私だが、一度だけ番組でお会いしたことがある。当時私が出版した『教養としてのプロレス』という本をお渡しした。あとから考えたら、これこそ釈迦に説法だと恥ずかしくなったが、それだけ舞い上がっていたのだ。

私は自分の思いを本にまとめることができたが、猪木ファンの数だけ猪木への思いや見方がある。猪木の弟子の言葉で印象的だったのは藤原喜明の言葉だ。

≪一番教わったこと？　何だろうな……やっぱり「プロレスは闘いである」、「客に媚びを売る

な」。この言葉だな。猪木イズムってこれだと思うよ》（スポーツ報知WEB10月22日）
これからも語られることが続くであろう猪木。１００人いれば１００人の猪木観がある。やはり、「モノの見方」の定規みたいな人だったとも思う。
ここで猪木の訃報を伝えたスポーツ紙の見出しをあらためて並べてみよう。
『元気をありがとうございました　猪木　燃え尽きる』（日刊スポーツ）
『猪木　死すとも闘魂は死なず』（スポーツニッポン）
『猪木　さらば闘魂　1、2、3、ダーっ』（スポーツ報知）
『燃える闘魂　元気をありがとう　猪木死す』（サンケイスポーツ）
『猪木死すとも闘魂は死せず』（デイリースポーツ）
訃報翌日のスポーツ紙はすべて一面で報じていた。見出しで使用されている言葉を見ると「元気」や「1、2、3、ダー」など、元気を与えてくれるおじさんという晩年の猪木のパブリックイメージを取り上げていることがわかる。引退試合の写真も多かった。
では最後に、ある新聞の紙面を紹介しよう。東スポである。猪木がバリバリの現役時代、一般紙やスポーツ紙が猪木やプロレスを冷たく扱う中でも、東スポは常に猪木の味方だった。猪木の動向を連日報じていた。東スポはプロレスの歴史と共に歩んできたといっていい。
訃報が流れた日、夕刊紙である東スポはギリギリに間に合ったのだろう、一面のみで報じていた。その見出しは、『猪木　死す』（10月1日）。

そして、この見出しも。

『プロレスのために世間の目と闘い続けた62年』。

紙面いっぱいに載った猪木の大きな顔写真は、「怒り」をエネルギーに替えて闘っていた全盛時（1977年）のアントニオ猪木のそれだった。デビューから数えて62年。東スポは今でも猪木を現役のプロレスラーとして表現していたのだ。

ありがとう東スポ、でもあんまり泣かせないでよ……。当然、東スポの猪木がやっぱり一番カッコよかったのである。

しかし、2日も経つと東スポの見出しは『猪木 魔性の借金』。通常営業に戻っていたのである。

それにしても魔性の借金ってなんだ。

猪木の死を、ニュース番組で私はどう語ったのか ―個人の悪徳は公共の利益―

猪木の死後、私はしばらくひとりで静かに悼んでいようと思っていた。それでも、メディアから「猪木さんについて語って欲しい」という依頼が結構あった。

最も驚いたのはあの『荻上チキ・session』（TBSラジオ）が猪木特集を組むというではないか。ニュース番組は数あれど、『session』は断トツで事件や社会問題に丁寧な解説をしていて理知的だと常日頃から感じている番組だ。そんな番組で「アントニオ猪木さんは何と闘ってきたのか」というテーマで私に語って欲しいという。さぁどうしよう。大役すぎる。番組リスナーにはプロレスに興味がない人もいれば嫌いな人もいるだろう。世間を目の前にして、猪木をどう話すか。ああ、これは猪木イズムの実践ではないか。いつまでもメソメソするより前に進む、猪木を世間に語れ！　と自分に言い聞かせて10月7日、スタジオに入った。

私がまず伝えたかったのはアントニオ猪木という存在のめんどくささである。猪木を無批判に称賛するわけではなく、猪木の人間としての特異さを伝えたほうが「一般教養」になると思ったのだ。

たとえば「実はコンプレックスの人であり矛盾の人ではないか」「負の感情をプラスに替える元祖炎上商法」「猪木プロレスとはモノの見方そのもの」「猪木は考える楽しみを与えてくれ、読み比べの面白さを教えてくれる存在」「興行論」「マイノリティ問題」などなど……。

番組での私のプレゼンは好評に終わりホッとした。しかし帰宅しても心の中で、猪木論を反芻していたのである。ちょっとまとめてみる。

子どもの頃から猪木を見ていると、薄々わかることがあった。それは猪木には近づくな、遠くから見ていろということだ。

カネや人間関係でのゴタゴタを見ていると中学生の時点で「猪木は客席から見ているのが一番いい」という結論になった。そしてこれは、非日常の世界に生きる「スター」と呼ばれる芸能者を見る際の共通の掟だとも気づいた。スターなんて「おかしい」人々なのだ。だからこそ、スターなのだ。だけど一定の距離感をとって見続けていると「おかしみ」を感じられるご褒美的な瞬間もある。それでよいのだと気づいた。

つまり、スーパースターに一般常識はいらない。人前で表現をしようとするプロレスラーは、野心家でなければつまらない。エネルギッシュでない常識的な人間が人を惹きつけることはできない。野心家をどこまで楽しめるかが大切だと、ひとり心得た。

大学生のとき、本を読んでいたら「個人の悪徳は公共の利益」という言葉に出会った。これは18世紀初頭に出版されたバーナード・マンデヴィルの『蜂の寓話』に出てくる言葉だという。私なりに解釈した意味を説明すると、青果店は他の店より少しでも安く野菜を売ろうとする。それは店を繁盛させたい、儲けたいという野心があるからだ。しかしその努力は結局、近所の住民に役立つ。だから「悪徳」は大切なのだという意味であろう。これは欧米では資本主義哲学、自由主義における重要な言葉だと評価されているという。

しかし「個人の悪徳は公共の利益」にはもっと深い味わいを私は感じる。それは、ルールの範囲に収まるような他人のいかがわしさについては、互いに認め合おうではないかという寛容の精神のことも言っていると思うからだ。

私はこの言葉を知ったとき、すぐにアントニオ猪木を思い浮かべた。猪木のやってることってすべてこれではないか？　と。猪木は悪徳が多かった。

格闘技世界一決定戦と銘打ち、モハメド・アリすらリングに上げた功績は偉大だが、「アリと闘えばジャイアント馬場を超えられる」「世間を振り向かせられる」というギラギラとした生臭い狙いがあったのも事実だろう。

でもその野心がファンをしびれさせて、公共の利益になったのだ。だからこそずっと語られるのである。

猪木は常に「なんで馬場より格下なんだ」「なんでプロレスは世間から馬鹿にされるんだ」と叫んでいるようだった。そんな猪木は、リング上からどうしようもない鬱屈した感情と、それに比例するかのようなエネルギーを放っていた。一番の座を狙うためには、悪徳も正義になるのだなと子どもにすら感じさせたのだ。

猪木を見ることで「半信半疑」の大切さも学べた。プロレスに愛のない大人たちが、「あんなのインチキだ」と平気でバッサリ切り捨て、「自分は大人たちが馬鹿にするようなものを一生懸命見ているのか」と悩んだ時期もあった。でもそう思いながら金曜8時にテレビをつけて猪木の試合を見ると、めちゃくちゃに心を揺さぶられるのである。

半信半疑の心境で揺れながら見るときほど、猪木の「妖しさ」がたまらないのだ。すぐに答えは出さなくていい。毎日揺れながら熟考すればいい。悩んで、立ち止まって、頭を捻って、いろいろな人の意見を聞いて自分でも考えてみる。そしてまた、猪木を見る。考える。「これは悪徳なのか、少なくとも美徳ではなさそうだ、ただ、なぜ心が惹かれてしまうのか……」そして、繰り返す。疑って見る猪木は、最高に色気があった。

一方で、今の世の中にバリバリの猪木がいたらどういう反応をされるんだろうともよく考える。「悪徳は悪徳だろ」と、躊躇も猶予もなく、バッサリ斬られてしまうのだろうか。目の前の悪徳にすぐに反応する、昨今の流れは仕方ないが、その「悪徳」がなぜ起こって、どんな影響を与えたかなどの「解釈・行間」を自分のなかで納得できるまで咀嚼する時間の楽しさもあると思うのだ。猪木から学んだ豊かさでもあったと思う。

こうやっていろいろ考えていることこそが、贅沢な時間だと感じる。多くの猪木ファンもそうだろう。

あ、そうそう、ラジオ番組での「アントニオ猪木さんは何と闘ってきたのか」というお題。「借金」というオチも用意していきました。ありがとう!!

猪木の死を、長州力はどう語ったのか　――人生を「マッチメイクする」――

猪木死すとの報を受けて、紙媒体でもさまざまな猪木特集が組まれた。読みごたえがあったのが『ＫＡＭＩＮＯＧＥ（１３１号）』だ。この月刊誌は「世の中とプロレスするひろば」というモットーを掲げ、「特にプロレスを語らないプロレス本」という独自の立ち位置にいる。

表紙を飾るのはレスラーや格闘家のほか、編集部が気になる人が起用される場合が多い。Ｍ-１グランプリをかっさらった直後には錦鯉が起用された。甲本ヒロトは創刊時から何度も表紙に登場している。なぜか西村知美のときもあった。

『ＫＡＭＩＮＯＧＥ』という名前は新日本プロレスの道場がある「上野毛」を連想させる。道場はもともとアントニオ猪木の自宅だったものを建て直したという歴史がある。ということは『ＫＡＭＩＮＯＧＥ』は猪木イズムの影響が大きいのだろう。だとしたら「世の中とプロレスするひろば」という意味もよくわかる。やはり猪木を考えることは、世の中を考えることでもあるのだ。ありがたいことに私は巻頭コラムを担当させてもらっていて、プロレスに限らずその時々で気になったことを書いている。これこそ、井上崇宏編集長イズムである。

そんな『ＫＡＭＩＮＯＧＥ』が、猪木の死後に出したのが第１３１号だった。井上編集長が何を書いてくるかに、ひそかに注目していた。すると表紙は一度見たら忘れられない猪木の笑顔が弾けていて、コピーは「猪木は死んだが、あの人への想いと記憶だけは生かさせてくれ」。編集長の叫びが聞こえた。誌面は最初から最後までいろんな人が猪木を語っていた。

その中でもプロレスの知識や興味がない人でも、絶対に面白いと思うであろう言葉があった。それは長州力のインタビューだ。長州は今やタレントとして大人気だが、それに反比例するかのようにプロレス時代のことはあまり語らない。しかしこの号ではガッツリ語っているのだ。しかも明らかに怒りながら。これが本当に良かったのである。

何を語っていたかと言えば「マッチメイク論」である。インタビューのタイトルは『人生を〝マッチメイク〟する。その概念をアントニオ猪木から学んだ』。この中で長州力はかつて猪木に言われた言葉を紹介している。

《あるときに会長（※猪木のこと）のそばについて海外に行ったときに、会長が、「長州、国会の中の政治家ってみんな〝マッチメイク〟だぞ」って。》

ここで出てきた「マッチメイク」という言葉に注意しながら、じっくりと読んでほしい。国会議員も務めた猪木は、こう長州に説明したという。

《（政治家は）自分で自分をマッチメイクしてる人間もいれば、他人からマッチメイクされる人間もいる。いくら自分でマッチメイクしても弱いヤツはそのマッチメイクで潰れていってる。でも政治家ってみんな国民から選ばれて入ってくるんだよな？　なのにすべて入ったらマッチメイク。中には仕事を一生懸命やる人もいるけど現状の大半はマッチメイクで、弱いマッチメイクをするヤツはみんな落ちていくし、権力に触ることもできない》

ここでいうマッチメイクとは何か？　この言葉を、普通に考えれば「試合を組むこと」である。プロレスの興行で言うと「マッチメーカーがその日のカードを決めること」だ。もっと言えば「このシリーズはこういう方向性で行く」という大きな流れを描くのも、マッチメイクと呼ぶのだろう。「仕掛ける」を意味するとも解釈できる。

実は、これより以前に長州力はマッチメイクについて自らの口で語っていたことがある。
《マッチメイクって言葉は俺はあんまり発したくないものではある。だけどまあ、べつに変な意味でもないか。試合を組む、流れを組むっていう。俺はそれを坂口さんから引き継いだんだよ。》

これは雑誌『Ｎｕｍｂｅｒ １００６号』（２０２０年７月２日）で語っていたもので、聞き手は井上崇宏編集長。井上氏が他の雑誌でも長州の聞き手となっていたのだ（どれだけ信頼されているかわかる）。ちなみに長州がここでいう「坂口さん」とは、元レスラーで新日本プロレスの社長だった坂口征二のことだ。長州は平成初期ぐらいから坂口のあとを受けて新日本プロレスの「現場監督」をしていた。試合を組むマッチメーカーとしても重要なポジションにいた。

おさらいするとマッチメイクとは「試合を組む、流れを組む」（長州）こと。では現場のレスラー側の視点から考えてみよう。上記の文脈だとマッチメイクとは「上から与えられた役割」とか「自分に命じられた仕事」という意味が想像できる。井上編集長も次のように補足している。

《長州の言う「メイクする」とは、試合を組むだけでなく、シチュエーションを作る、キャラクターを作るといったさまざまな意味が込められているようだ。どうやら、そういう作業を施すポジションの人間がいてプロレスは成り立っている。》（『Ｎｕｍｂｅｒ１００６号』）

だからこそ、猪木はプロレス界から政界に行ったあとに気づいたのだ。「政界も同じだ」と。なのでマッチメーカーの経験もある長州に「国会の中の政治家ってみんなマッチメイクだぞ」と言ったのである。政治家とプロレスラーは似ていると感じたのだ。国民から選ばれて入ってくるけど個人が自由気ままに振る舞えるわけではなく、まず政党（＝プロレス団体）の中で与えられた役目をこなすという似たような構図に。

長州の言葉が炸裂するのは、ここからだ。

《プロレスって人からああだこうだって言われるけど、それはたしかにつつかれる部分もあるかもわからない。でもレスラーはみんな真剣に仕事をして行動をしなきゃいけない。そりゃ中にいたら不平不満もあるだろうけど、それでもいかに自分を見せていくか、自分の才能や実力なりを仕事で見せていくかっていう。これはマッチメイクじゃん。》（『KAMINOGE131号』）

そして政治家への言葉が。

《よく政治家がプロレスを引き合いにして、「プロレスみたいな八百長をやっているんじゃない」「まるでプロレスみたいじゃないか」って言うだろ。》

徐々にトーンが上がってくる。

《「プロレスと同じじゃないか！」って何が同じなんだって。そういうふざけたことを言う政治家、おまえらは真剣に人生をマッチメイクしたことがあるのかって。俺たちは真剣にマッチメイクをやっていたんだよ。それを「どうせプロレス」って片づけられたくない。そこだけは言っておかないと。》

読みながら思わず長州コールである。さらに、こう続ける。

《プロレスにたとえてああだこうだと言う政治家が何人かいるけど、俺はその人たちに言葉を投げかけてあげたい。会長のマッチメイクっていうのは常に真剣なんだよ。そこはもう自分の人生をどういうふうに生きていこうかっていうマッチメイクであって、会長はその先頭だよね。》

いかがだろうか？　長州が熱く言わんとする意味が見えてこないだろうか。

長州からすれば政治家の側は与えられた座組や役割で、必ずしも精一杯働いているようには見えない。しかしそんな政治家から、よりによって茶番のようなことを「プロレス」だとは例えてほしくない。俺たちは上からマッチメイクされたらそれに応えるのに必死だし、自分が上がっていくために自分をマッチメイクすることもある。そこに真剣なんだと。

この言葉は、長州力が言うからこその重みがある。長州力はアマレス界からエリートとしてプロレス入りしたが、長い間地味な存在だった。私もよくその頃を覚えているが、パンチパーマが伸びたような髪型で全体的にモサッとしたイメージがあった。そんな長州がメキシコ遠征に出された。団体からは特に期待をされていなかったように見えた遠征だったが、メキシコで力を蓄えた長州は「かませ犬事件」を起こす。

帰国直後の試合で、格的に上だった藤波辰爾（当時は辰巳）にけんかを売ったのだ。事件である。メディアには「俺はお前のかませ犬じゃないぞ！」というフレーズが躍った。長州は観客を驚かせた。今までくすぶっていた人間の行動に共感したプロレスファンは多かった。ファイトスタイルも情念を叩きつけるような熱いものになり、この下克上をきっかけに長州は大化けした。言わば自分自身が考えた「マッチメイク」で勝ったのだ。人生を変えたのである。紛れもないドキュメントだった。客の心をつかめなかったら大失敗という賭けに勝ったのだ。

しかし、1人の人生を変えたこれほどの騒動も「それも『プロレス』でしょ?」と言ってしまう人もいるだろう。2人の仲間割れは「あらかじめ決まっていたんでしょ?」とか。

これに関して、長州はかなり興味深いことを同じ号の『Number』で言っている。

《たつつぁん(藤波辰爾)とのアレ(抗争)も、会長が俺に「おまえはちょっと味が薄い」って言ってきたから俺は調味料を使ってちょっと味を濃くしてみただけであって。》

独特の表現である。さりげなく言っているが凄い言葉だ。先ほどの《俺たちは真剣にマッチメイクをやっていたんだよ。それを「どうせプロレス」って片づけられたくない。》にピタリと符合するではないか。めちゃくちゃ説得力がある。人生を変えたマッチメイクを行ってきた人間の言葉は、さりげなくても重い。

長州の言っていることは他の世界でも例えてみることができる。芸能界ではかつて有吉弘行さんが『アメトーーク!』(テレビ朝日系)で品川祐さんに言った「おしゃべりクソ野郎」で再ブレイクしたケースに似ている。

当時の有吉さんは共演者に「ニックネームを付けて毒づく」という得意技があった。あのときの現場でも進行上はそんな流れを求められていたかもしれないが、「おしゃべりクソ野郎」

というフレーズは本人の渾身の言葉だ。いわゆる「体重が乗っていた」言葉である。だから人生を変えた。場の沸き方を見れば、机上の計算だけでは決して出てこないものだったろう。

どんな人にも当てはまる、与えられた座組の中でいかに自分を出すかという命題。長州のインタビューはプロレスの知識がない方にも参考になりそうな「人生のマッチメイク」論であった。

社会に出れば、誰にでも組織や集団から与えられた場所や役割がある。時にはその殻をぶち破るために、自分自身でマッチメイクする。成功すれば人生が変わるし、失敗するリスクもある。これぞ真剣勝負だと思うのです。それはどんな職業でも同じだ。

だから国会の茶番みたいなものを簡単に「プロレス」って言っちゃう人には、プロレスファンからすれば怒りと呆れしかないのだ。このことをくれぐれも理解してほしい。似たような使い方で「歌舞伎」と言っちゃう人もいるが、そんな適当な使い方をしたら歌舞伎ファンが怒るのと同じだ。

最後にまとめると長州は猪木についてこう語っている。

《自分が作ったマッチメイクを、最終的にそこまでのリスクを負ってまでやり切ろうとする人はいないけど、会長はそれができる人だったんだよな。》(長州力)

長州も猪木の人生のマッチメイクには感嘆しかないようだ。

さて、冒頭のほうで長州はプロレス時代のことはあまり語らないと書いたが、それもプロ意識から来ているのだと思う。長州は「あのときは実はああだった」とか決してペラペラしゃべらない。最近では元プロレスラーが動画や書籍で「実はあのときは…」という昔話をする人がいるが、長州はそういう人を毛嫌いしているのだ。なぜかと言えば……。

《いかにも得意げにしゃべってる。しゃべってもいいよ。ただ、「お前は真剣じゃなかったからそれを言えるんだろ」って。（略）それを言っちゃダメというか、隠せとは言わないけど、やっぱりしゃべったらダメなんだ。それはなぜかって言うと、ファンはいろんなことを想像し、思い描いている。特にそれを作り上げていったのがアントニオ猪木だったのは間違いない。》

（『KAMINOGE』131号）

猪木も長州も決して「実はあのときの真相は……」などとペラペラしゃべらない。スーパースターという自負があるからだろう。ファンを大切にするからだろう。そんな生き方を選んだ長州力が「面白いおじさん」としてバラエティ番組で笑いを誘っているのを見ると、なんだかグッとくるのである。

第2章

プロレス内言語の再定義

アングルとは何か

プロレスについて考えることは面白い。その好例をあげてみたい。

2019年2月15日（金）に行われた、レジェンドレスラーたちが出場する興行『プロレスリングマスターズ』にセコンドとして前田日明が登場した。相手チームには長州力がいた。ファンの希望通りに長州と前田が後楽園ホールのリングで向かい合うという嬉しい展開（しかも金曜夜8時に！）。

長州と前田にはかつてこんな事件があった。

1987年11月19日、新日本プロレス後楽園大会で前田日明が長州力の顔面を蹴ってケガをさせ、無期限出場停止となった。この一戦で長州は右目眼底打撲で全治2週間の欠場。アントニオ猪木は「プロレス道にもとる」と述べた。

猪木自身もさんざんえげつないことをしてきたのに「プロレス道にもとる」って。猪木語録に欠かせない言葉である。このあと新日本を追われた前田は第二次UWFを旗揚げして熱狂的なブームを巻き起こす。つまりプロレス史的にも「顔面襲撃事件」は大事件だったのだ。

そんな激烈な因縁がある2人が時を経て後楽園ホールで向かい合う。会場はピリピリしたムードではなく歓迎ムードだった。プロレスを長年見ていると時折神様がくれるご褒美である。

試合後に前田はコメントを出したのだが、その内容も目を引いた。

《プロレスに対して、「決めごとで」っていう定義も浸透しちゃいましたけど、それを分かっててても「ひょっとしたらプロレスはリングの上でホントにやり合ってんじゃないか」って思わせるようなものをね。前田日明自身が成功したのは何かって言うと、業界の人達まで騙したんですよね。猪木さんもそれが出来たし、自分もそういう猪木さんを見習って、業界の人間、一緒にやってる人たちも騙すのは最高なんだなって、やってました。》

私が最も印象に残ったのは次の言葉だ。

《若い人もそこまでやってね、何が現実で何がウソなのか、何が作り込みなのかって分かんないように、やってる内にやってる本人も分かんなくなってくんですよ。》

しかしプロレスは深い。同時刻に大阪で行われた、とある大会の記事は次のような見出しだった。

『新ベイダーがジャイアントパンダとの3メートル対決で勝利…マサ斎藤さん追悼大会』(スポーツ報知)

一体、何がどうした⁉

記事には《新ベイダーは、風船のように空気で膨張させて大きくなるパンダに対抗してリングイン。3メートルの巨体がリングで向き合い、立会人の初代タイガーマスク（佐山サトル）も絶句。》とある。

前田が「何が現実で何がウソなのか」と言ったそばからこんな世界があったのだ。その翌日には両国国技館で「マッスルマニア2019 in 両国～俺たちのセカンドキャリア～」が行われた。言わずと知れた「プロレスの向こう側」である。

マッスルとはプロレスラー・マッスル坂井が手がける興行のことだ。マッスルは、その戦いに台本があることを堂々と告知している。つまりショーなのだ。しかし、ドキュメントとも言えるのである。これはどんなジャンルでも言えるが、台本があるからこそ、演者次第で予測不能の感動を覚えたり、凡戦にもなる。永らく「プロレス」と「ショー」という言葉がセットになると、そこには「真剣でない」という意味が付随してきた。しかしマッスルは台本があることで真剣なプロレス（ドキュメント）であることを証明した。だから「プロレスの向こう側」なのである。

そう考えると、この後楽園↓大阪↓両国の並びは素晴らしかった。プロレスは進化し、そして深化している。

さらにプロレスについて考える機会があった。雑誌『EX大衆』（2019年3月号）でのマッコ・デラックス氏のコラム。抜粋する。
《以前だったら、田中みな実とバラエティ番組で一緒になったら、プロレスで言うところの「アングル」をやれたんだけど、もうプロレスは成立しない時代なんだわ》
ある番組で女子アナについて話していたら「わりとシリアスなネットニュースになってしまった」という。なので今までと同じ感覚で笑いにできなくなったのを痛感したという。
相手をクサしているように見えて結果的に相手と「上がっていく」。それを「アングル」と呼ぶなら最高の使い方だが、マッコ曰く、それはもうやれない時代なんだと。通りすがりの人が行間を読まないまま信じてしまうから。
私がすごいと思った言葉は次だ。
《だって、そういう時代なんだから。「シャレが分かっていない」と言うのはナンセンスなのよ。》
ちょっと前までだったら「息苦しくてつまんない世の中になった」とグチを言ってりゃよかったのだけど、マッコは「それってただのノスタルジー」と断言。新しいルールの中で面白くできる術を見つけなければいけないと言うのだ。テレビの最先端で仕事してる人の言葉だと思った。

その数日後、「アングル」の使い方について「おっ」と思った番組があった。『水曜日のダウンタウン』（TBS）の「芸人解散ドッキリ、師匠クラスの方が切ない説」である（19年2月27日放送）。

ドッキリってテレビでよく見かける手法だ。安心、安定の企画なのだろう。でもこのドッキリは違った。

大御所コンビ「おぼん・こぼん」は8年間も私生活では口をきいていないほど仲が悪いという。そんななか、おぼん師匠からこぼん師匠にニセの解散を打診してもらうという企画なのである。ところが、おぼん師匠の口から解散の話は、全然出てこない。こぼん師匠への不満が次々に出るだけ。そのうち口論が始まる。もはやドッキリ企画は吹っ飛んでいるが、視聴者は不穏試合から目が離せない。

つまりおぼん師匠は、番組が提示したドッキリというアングルに乗っかりつつも、こぼん師匠に「8年ぶりにたまったうっぷんを晴らす」場として利用しているのである。これってテレビの新しいアングルの使用方法ではないだろうか。

バラエティですといいつつ、リアルな感情のぶつけ合いに利用してもらう。

《何が現実で何がウソなのか、何が作り込みなのかって分かんないように、やってる内にやってる本人も分かんなくなってくんですよ。》という前田日明の「プロレス論」がまさにここにあるではないか。当然ながら、それは視聴者を圧倒する。

こんなドッキリの使い方はあの番組でしか使いこなせないだろうが、最初は半笑い気味の視聴者を畏れさせるのはつくづく見事。

「アングル」という言葉や概念は安易に使うと危なっかしい言葉だが、マツコ・デラックスにしろ『水曜日のダウンタウン』にしろ、プロレスに敬意を払い理解してる人が使うとこれだけ痛快になるのだ。

面白い「プロレス」は、リング上だけにあるわけではない。あちこちにある。もう一度、前田日明の発言を引用しておく。

《前田日明自身が成功したのは何かって言うと、業界の人達まで騙したんですよね。猪木さんもそれが出来たし、自分もそういう猪木さんを見習って、業界の人間、一緒にやってる人たちも騙すのは最高なんだなって、やってました。》

猪木イズムは、あちこちにある。

「ヤラセ」と「ヤリ」の違い

少年時代に熱中したテレビ番組はいろいろあるが『ワールドプロレスリング』と『水曜スペシャル・川口浩探検シリーズ』は別格だった。川口浩探検隊が水曜日で、ワールドプロレスリングが金曜日。ともにテレビ朝日系で未知の怪物を追うのが共通していた。少年はアンドレ・ザ・ジャイアントやタイガー・ジェット・シンに目を奪われ、「原始猿人バーゴン」や「双頭の大蛇ゴーグ」の妖しさに胸をときめかせていた。

両者にはもう一つ共通することがあった。世間の評価が低いことだ。夢中になればなるほどそのギャップを感じた。確かにプロレスも探検シリーズも不透明決着が多かった。双頭の大蛇はクライマックスで地下の岩陰から頭らしきものが一瞬映っただけの「両リン」決着。ただのニシキヘビでは？　と翌日教室でツッコまれていた。

一方で原始猿人バーゴンはまさかの完全決着で「捕獲」してしまった。しかし新聞はこの世紀の大発見を報じない。少年は演出で作られた番組ではないかと薄々気づいてゆく。しかしそうは言っても探検隊はジャングルに実際に行っている。現場ではとんでもない苦労があったのでは？　そう考えていた私は8年かけて元隊員たちに取材して、『ヤラセと情熱 水曜スペシャル「川口浩探検隊」の真実』（双葉社）として一冊になった。

元隊員たちに当時の話を聞くとやはりフェイクの中にもリアルがあり、虚々実々の衝撃エピソードばかりだった。原始猿人バーゴンもナレーションをあらためて確認すると「捕獲」ではなく「（少数民族の）保護」と言っていた。当時は気付かなかった細かいコンセプトが実はあったのだ。

さらに探検隊を検証していくと、同時代に起きた事件や騒動ともリンクしていたことがわかった。その一つが、当時のテレビ朝日のお昼のワイドショー『アフタヌーンショー』のヤラセ事件である。

1985年8月20日に番組が放送した「激写!中学女番長!!セックスリンナ全告白」におけるリンチ場面が、ヤラセだったという騒動だ。社会問題となり、その2カ月後の10月に番組は打ち切られてディレクターも逮捕された。しかしテレビ史に残る大事件なのにきちんと検証されていないことに気づいた。さっそく洗いなおすと、なんと事件の当事者である元ディレクターが、事件の翌年に本を書いていたのである。驚愕したのは、あれはヤラセではないと主張していたことだ。さらに私が興味を持ったのがジャーナリスト・ばばこういち氏の当時の証言である。元ディレクターの著作から引用する。

《テレビジョン、特に生のワイドショーというのは〈やらせ〉という仕掛けと〈やり〉という自己主張のせめぎ合いの〈場〉だと思うんですね。》(ばばこういち)

初めて目にする言葉が出てきた。「やらせ」ではなく「やり」(以下カタカナ表記で統一)。実はこれらの言葉は当の元ディレクターも自著で使っていた。リンチはヤラセではなかったが、カメラ前にいた女番長たちはテレビカメラを向けられていたので自分の振る舞いを意識したのだろうと。《レンズを通して日頃の自分たちの怒りのエネルギーを精一杯見せてやろうと考えたことは想像に難くありません》という。そしてそれは「ヤラセ」ではなく「ヤリ」であると元ディレクターは断言していた。

この言葉を読んでしばらく考えてしまった。この違いは大きい。天と地ほどの差がある。このニュアンスが理解できるかどうかは、テレビやエンタメを見るうえでとても大事なポイントではないだろうか。

ヤリとは何か?　つまり設定された状況があるからこそ「アドリブで火花を散らす」こともできる構造のことである。

これは今のテレビでもあるだろう。討論番組で田原総一朗がいきなりキレるのもそうだ。あれは奮起して自ら見せ場を作っているヤリであってヤラセではない。芸人ドッキリだってそうだろう。ドッキリだと薄々気づいていても自ら番組を面白くしようという気概（ヤリ）は決してネガティブなものではない。

ヤリとはなんとも絶妙な「表現」であることがわかる。と同時に人間はカメラが目の前にあるだけで、非日常に追い込まれてテンションが変わってしまうことも再認識させられる。だからカメラを向ける側は強大な力を持っていることを自覚しなければならないのだ。報道被害という言葉もあるが、カメラを向けた側は権力者でもある。ナチュラルな加害者性も知っておくべきだ。

ここまでテレビ論として「ヤリ」と「ヤラセ」の違いを書いてきたが、プロレスを雑に扱う人で簡単にヤラセだのなんだの言ってしまう人もいる。しかしそんな低レベルな話ではなく、まさにヤリを楽しむ点が、プロレスの醍醐味でもあることは明白だ。

プロレスラーは観客やマスコミを前にスイッチが入ると、奇跡のような感情を見せてくれることがある。最近の例で言うなら、オカダカズチカと清宮海斗はまさにこれだった。

時系列を追って書くと、2022年の1月8日、横浜アリーナで行われた新日本プロレスVSプロレスリング・ノアの対抗戦で「オカダ＆棚橋弘至VS武藤敬司＆清宮」が実現した。オカダが清宮に力の差を見せつけ、敗れた清宮は号泣。その1年後、同所でおこなわれた対抗戦で「オカダ＆真壁刀義VS清宮＆稲村愛輝」のタッグマッチが行われた。そこで清宮はオカダに顔面蹴りなどを見舞い、場内が騒然とした試合になったのである。

自分に興味を示さないオカダに清宮は仕掛けたのだ。まさに自分で状況を動かしたのである。先述した「ヤリ」の醍醐味と言っていい。このあと、武藤の引退試合が行われる2月21日の東京ドームで両者の対戦が発表されたが、オカダはボイコットを宣言した。

オカダのコメントはどこまでが生身の感情なのか？　カード発表からドームへの過程はとてもハラハラして見応えがあったのである。当日のドーム興行ではオカダが勝利したが、異様な緊迫感と期待感があったことは書いておきたい。

もちろん、猪木について言えば「ヤリ」は数えきれない。猪木アリ戦の記者会見での舌戦は、与えられた設定で火花を散らすというまさにアドリブの妙であった。１９７９年のプロレス夢のオールスター戦では、馬場とタッグを組んだ猪木は試合後に「2人が今度リングで会うときは、闘う時です！」とマイクアピールをした。これに対し、馬場も「よし、やろう！」と言って盛り上げた。対応した馬場は大人だったが、猪木の「アドリブ」には相当に警戒していたはずだ。

猪木はあえて想定外の事態を生みだすこと、つまりは「アドリブ力」で興行を盛り上げることに自信を持っていたようだが、80年代になって力の衰えが見え始めるとアドリブ力にも異変が生じた。たとえば強引なカードの変更などでファンの共感を得ないことがしばしばあった。つまり「ヤリ」を発揮する力とは、心技体が充実したときと比例しているとも言えないだろうか。これもまたリアルな帰結である。この点は、後述する。

どんなジャンルであれ、ひたすら行間を読み込んで、自分にとってのリアル（真実）をキャッチする。こんな楽しみ方は、猪木が、プロレスが教えてくれた。

「興行」とは何か

プロレスは、「興行」という一面もある。プロ野球もそうだが「プロ」と名のつくものはすべて興行だ。お客さんに足を運んでもらって、また見に行きたいと思わせてナンボ。そのヒントがプロレスには詰まっている。

最近、プロレスから学んで嬉しかった話をしよう。『なぜ君は総理大臣になれないのか』(以下、『なぜ君』)という大島新監督のドキュメンタリー映画がある。現在は立憲民主党の衆議院議員である小川淳也を17年間も追った作品だ。

彼の選挙区である香川1区には、平井卓也という有力候補者がいてどちらもキャラが立っていた。『なぜ君』の劇中では、平井が当選したのだが、そのあと2021年に衆議院解散総選挙があった。『なぜ君』を見た人は「香川1区は今度はどうなるんだろう」と気になってしょうがない。と思っていたらすぐに大島監督が小川&平井に密着して『香川1区』という映画を作ったのだ。

私も『なぜ君』を見てから香川1区が気になってしまって2021年の選挙時は香川県まで

行った。次はどっちが勝つのだろうとか、どんなハプニングが起こるのだろうとか、それを自分の目で見たくなってしまったのだ。

そのとき、これはプロレスの「密航」と同じだなと感じたのだ。密航というのは、例えば東京に住んでいて、札幌でどうしても見たいカードがあったらリュックひとつで鈍行や深夜バスに乗ってでも現地まで行く。そうすると自分は歴史の目撃者になれると思える楽しみ方だ。90年代の週刊プロレスがそういう行為を密航と呼んでいたのだ。

それにしても前作の『なぜ君』を観た人は、次の選挙が気になったはずだ。すると大島班は『香川1区』を制作した。このフットワークの軽さや嗅覚は素晴らしいですね、と大島監督に言ったら監督はニヤリとした。

「僕もプロレスファンなんですよ。だから鹿島さんのような方々が興奮することをすればいいんじゃないかと思って」

なんと、大島新監督もプロレスが大好きでプロレスで学んだ「興行論」を参考にしたというのである。1984年の第2回IWGPの猪木VSホーガン戦のプラチナチケットを、大島少年は手に入れて蔵前国技館に行ったという。父親がテレビ朝日から入手してくれたというのだ。「父親が大島渚で初めて良かったと思いましたよ」と笑っていた。

プロレスファンはビッグマッチを前にすると居ても立っても居られない心境になる。『香川1区』の予告編を見て現場に行った私は、まさに密航だったのだ。

この映画では大島監督自身も随所に登場する。その理由を聞いたら「ドキュメンタリーがあたかも中立で完璧な事実かのように思われるのが恥ずかしい。カメラが入っている時点ですでに異様なのです。作り手の解釈は必ず入っている」。これを観客に意識してもらいたかったという。

よく「公正中立」というが私は「中立」なんてないと思っている。だからこそ事実には「公正」でなければならないと思う。たとえば同じプロレスの試合を見ても感じ方が違う。では自分はどんな解釈をしたかというメッセージを見せるのが「表現」なのではないか？　公正・フェアでありながら自分がこうだと思うものを作っていけばいいのだ。あと、自分に湧き出たリアルな感情をどのように具現化していくかはプロレスラーから学んだが、これもどんな仕事でも同じだと思うのである。

「伏線回収」とは何か

最近「伏線回収が素晴らしい」という絶賛の仕方をよく見かける。とくにドラマの感想に多い。2022年4月まで放送されたNHKの朝ドラ『カムカムエヴリバディ』は3世代の女性による100年に渡るファミリーヒストリーを描いたものだった。私も面白いと思って見ていたが、最終回に向けて「伏線回収」がやたらと絶賛されていたのが気になった。

たとえば『伏線回収「カムカム」最終回19・7％番組最高で有終の美！』（スポニチ4月11日）というネットニュースもあれば『「カムカムエヴリバディ」は怒濤の伏線回収で朝ドラを制御し、傑作になった』（朝日新聞社・論座・矢部万紀子）というコラムもあった。

《最終週、あらゆることが怒涛のごとく回収された。「伏線ですよ」と合図し、回収したもの。モヤモヤさせて、「こうだったんですよ」と明かしたもの。合図なしで、過去と今とを結びつけたもの。全てに無理がなかった。》（同コラムより）

良いドラマだったが、ここまで伏線回収そのものが褒められていると、ちょっと違和感を覚えた。今後は「伏線回収が素晴らしいドラマこそ面白い」となるのだろうか？　ストーリーは無駄がなくて合理的なものしか受け付けないという価値観になってしまわないか？　きれいなオチにこだわりすぎると、テクニカルなものだけにとらわれてしまわれないだろうか？　ドラマや映画、もっと言えばエンタメにはそれ以外の醍醐味もあるはずだ。テーマだとか、役者の演技もそうだろう。私が『カムカム』を好んで見ていた理由は、むしろそのあたりだった。

モヤモヤした私はマキタスポーツ、サンキュータツオと3人でやっているラジオ番組『東京ポッド許可局』（TBSラジオ）で話してみた。するとタツオは「物語の構造だけにとらわれるのは勿体ない」と言った。さらに「最初から見ていた人にとってご褒美に感じるのでは？つまり無駄なものを見ていなかったという気持ち」とも。なるほど！

私はいわゆるファスト映画についての違和感も、これで解消できたのだ。ファスト映画とは長編の映像作品を10分程度の動画にまとめたもので、そもそも著作権の侵害が問題だが、まとめを見たり早送りをして作品を見て何が面白いのだろうと以前から不思議に思っていた。しかしこれも「時間の無駄は嫌」「つまらなかったら嫌」という気持ちがあるなら納得できる。もっと言えば時間やおカネを無駄に使えない、それだけ社会が貧しくなってしまったというハッとする現実がみえる。コスパを求めざるを得ないのかもしれない。

自分のことを思い出すと無駄に囲まれていた。プロレスを長く見ていると無駄だと思えることがやたら多かったからだ。たとえば「海賊男」である。80年代後半の新日本プロレスに、ホッケーマスクを被った謎の海賊男がちょいちょい乱入して、試合をぶち壊しにした。最初の被害者は武藤敬司だった。

海賊男は興行を盛り上げるための仕掛けだったのかもしれない。その正体は、新日本プロレスの若手・中堅レスラーが入れ替わりに仮面をつけていたという説もある（中には猪木が直々に入っていたこともあるとの説も）。

そして遂に大事件が起きてしまう。大阪城ホールで行われたビッグマッチ「アントニオ猪木ｖｓマサ斎藤」戦（１９８７年３月26日）にも海賊男は乱入したのだ。納得できない観客たちは試合後に暴動を起こした。この日は古舘伊知郎アナのプロレス中継卒業の日でもあったので、テレビを見ていた私も心底腹が立った。

それから「29年」経過した２０１６年12月２日。大阪でマサ斎藤を励ます興行が行われた。当時のマサ斎藤さんはパーキンソン病と闘っていて話すこともうまくできなかった。

このセレモニーの様子は動画で撮影ＯＫだったので、私はアップされたものを見ていた。立っているのもやっとだったが、気丈にもマサ斎藤はリングで挨拶をはじめた。リング下のセコンドにいるレスラーはみんな中腰だった。「マサさんが転倒しそうになったらすぐに助けられるように」という配慮からだったという。

ゆっくりと、ゆっくりと語るマサさん。すると突然「マサ斎藤〜！」と叫びながら海賊男が乱入してきた。そして立っているのもやっとのマサ斎藤に蹴りを入れたのである。驚いたのはこのあとだ。マサさんは必死に立ち上がる。反撃に転じようと、本能で闘っていた。まわりも、マサさんに助太刀することなく、自力で戦うその姿を応援していた。

どうなることかと見ていると、突然、海賊男がマスクをとった。武藤敬司だった。2人は抱き合った。最低のプロレスだと思っていた「海賊男とマサ斎藤」のエピソードから、月日は流れて29年。最高のエピソードに化けた瞬間である。

ここに、巧妙な計算と筋書きのうまい組み立てによる伏線回収の美学はない。29年経って皆忘れていたが、たまたま泥臭く回収されたから感動を生んだのである。プロレスを長く見続けていると無駄なものに思えるものも、決して無駄ではないとつくづく教えられるのだ。

さて、ラジオ番組で「伏線回収」のことを話したらそのあと進展があった。番組スタッフが私の疑問を深掘りした本があることを教えてくれたのだ。『映画を早送りで観る人たち〜ファスト映画・ネタバレ――コンテンツ消費の現在形〜』（稲田豊史・光文社新書）である。

それによれば、特に若い世代で「早送り」して作品を見る人が多いという。ここで分析されていた事情が興味深かった。まず私たちの時代に比べて若い世代は、圧倒的な情報量に触れている。昔はレンタルビデオを1週間借りて大切に見たが、現在は定額料金で見放題だ。それなら多く消化して見たほうがいい。そして友人との会話やLINEグループでとにかく情報に対しての感想を求められる。作品自体を楽しむよりも、感想などを通したコミュニケーションに比重が置かれ、チェックすべき作品は限りなく増えていく。だからあらすじを最初に知りたがる。ハズレを避けて確実に面白いモノとわかってから見る、と。

大事なポイントとしては、作品を鑑賞するよりもコンテンツを消費するという行為になっていること。そもそもYouTubeやネットフリックス、ティーバーには倍速視聴やスキップの機能がついている。早送りでもセリフが聞き取りやすいなど技術も進化しているのである。

なるほどなるほど。これらの分析を読むと「早送り」する今の若い世代が特別おかしいとは思えなくなってきた。むしろ社会が忙しすぎて余韻に浸れないことのほうにこそ問題がないだろうか？ 私は無駄がゆるされる時代に、若い頃を「たまたま」過ごせたのかもしれない。

《倍速視聴はZ世代のけしからん習慣だ、と誤解されることが多いのですが、若者だけの習慣ではない。コスパ主義、ライフハック（仕事効率化のテクニック）と散々言い尽くし、テレビはテロップの洪水にして、わかりやすい説明台詞を作ってきた。全部大人の仕業なんです》（著者インタビュー・朝日新聞・2022年6月10日）

言われてみれば私たちの世代だって「早送り」「コスパ」に新鮮味を感じていた。昭和の家庭用ビデオデッキでも早送り機能を嬉々として使っていたことを思い出した。私はプロレスをよく録画していたが、そのリング上でも「早送り」のような攻防はあった。

たとえば長州力である。長州がブレイクしたのは、逆境からの下剋上人生にシンパシーを観客に抱かせたこともちろんあるが、覚醒後のファイトスタイルも斬新だった。

序盤のグランドレスリングの攻防をすっ飛ばし、最初から怒涛のように見せ場をつくりあげる。まるで、倍速視聴やスキップ機能を駆使していたかのようだった。あの革新的なプロレスは「コスパ」という言葉をまだ知らない時代にあった、鮮烈な爽快感であった。ハイスパートレスリングとは「ファスト長州」「コスパ長州」なのである。

そういえば入場がカッコよくて試合時間はやたら短かったロード・ウォリアーズなんて、まさに「早送り」「時短」そのものだった。昭和を過ごした私たちだって倍速の快感を実感していたのである。人間はいつの時代だってコスパに快感を覚えるのかもしれない。だから早送り世代を簡単に否定するのはやめておくのがいいと痛感した。

ちなみにプロレスのよいところは、ひとつの価値観がブレイクするときちんと揺り戻しもあるところだ。長州のブレイクでハイスパートレスリング一色になるのではなく、そのあとはグランドの攻防に目を向かせるＵＷＦが登場したり、クラシックなアメリカンプロレスをきちんと堪能する価値観もちゃんとあった。

多くの人は仕事や生活に忙しいし、時間に追われる日々を過ごす。その中で「無駄な時間を過ごしたくない」という気持ちは当然だろう。でも経験談で言うと人の心を動かすものは、時として面倒くさいものだったりする。腹の底から怒るようなことなど、感情が揺さぶられるものに出会っても、それは決して無駄なことではないと思える。

「早送り」視聴の背景には、わかりやすさを求め、見たいものだけを見たい、不快なシーンやドキドキする展開を嫌う快適主義といった心理が見えてきたとも指摘されていた。

ここで心配なのは「評論の不在」である。『映画を早送りで観る人たち』では映画の評論本が売れないことも指摘されていた。その代わりにファンブックはよく売れるという。作品をひたすら絶賛する出版物のことだ。体系的な知識が必要な評論より、ぬるい絶賛テキストのほうが好まれるという。プロレスで鍛えられた私はあーでもないこーでもないと考える楽しみを「早送り」するのはもったいないと、つい思ってしまう。そういえば「活字プロレス」って言葉はとんと聞かなくなった。

そしてもちろん、アントニオ猪木の試合は早送りなんてできなかった。何が起こるかわからないからだ。猪木からは1秒たりとも目が離せなかった。やはりプロレスは価値観に余裕がある素晴らしいジャンルなのかもしれない。

いちばん好きな猪木の名言

編集者と話していたら「アントニオ猪木の言葉でいちばん好きなもの」というテーマになった。何時間でも語れそうなお題だ。世代や環境によっても様々な見方や解釈が出てきそう。編集者が好きな名言は「オメエはそれでいいや」だという。これは2002年2月1日の北海道立総合体育センターで起きた、いわゆる「猪木問答」での名言だ。リング上でマイクを持った猪木が目の前のレスラーたちに「無茶振り」をしていったのだ。

当時の状況をおさらいすると猪木は引退してから4年経った頃で、新日本プロレスはPRIDEやK-1など格闘技人気に押されていた。新日本の実質的なオーナーであった猪木は2000年からPRIDEのエグゼクティブ・プロデューサーも務めていた。つまり、プロレス界の人でありながら日本の総合格闘技のアイコンにも担がれていたのだ。強さとリアルを訴えてきた猪木にとってはゴキゲンな時期だったと言える。

猪木は新日にも格闘技路線を導入しようとしたがそれに反発したと思われる武藤敬司、小島聡、ケンドー・カシンや多くの社員が全日本プロレスへ移籍してしまう。そんな時期に行われた札幌大会。この日、猪木をリングに呼び込んだ蝶野正洋が後年こう語っている。

《K-1や格闘技に傾いていた猪木さんの口から、とにかくプロレスという言葉を出させたかった。ということで、猪木さんをリング上に呼び込んで、「ここのリングでオレはプロレスをやりたいんですよ」と訴えた。だけど、いつの間にか猪木さんは「お前が仕切れ」と自分を責任者に指名したりして、訳が分からない話になってしまった。》（デイリースポーツ・2019年3月12日）

ここから所属レスラーたちと猪木の「問答」が始まる。猪木は彼らに「怒っているか」と問いかける。まずは中西学だ。

中西「怒ってますよ」
猪木「誰にだ？」
中西「全日に行った武藤です」
猪木「オメエはそれでいいや」

絶妙な間合いで次に行く猪木。今でも語り草になるシーンだが、編集者もそんな面白さが好きなのだろうか？　するとそうではなく「自分が仕事をしていくうえで『オメエはそれでいいや』と言われてしまう存在にならないように心がけている」というのだ。

もちろん中西はあれでいい。アマレス仕込みの強さと天然さを皆から十分に認識されていたからだ。しかし自分の仕事では周囲からああいうことを言われないように戒めにしているという。なるほどなぁ。逆に言えばみんな中西学にはなれないのである。多くの人間は天然、治外法権という存在ではないからコツコツと芯を食って成果を出していくしかないのだ。

他には鈴木健想（鈴木健三、ＫＥＮＳＯ）との問答も印象深い。

猪木「お前は？」

鈴木「僕は自分の明るい未来が見えません！」

猪木「見つけろ！　テメエで！」

観客も視聴者も笑いだす猪木問答だったが、蝶野はこのとき現場でどう思っていたのか？

《プロとしてアピールする場なんだから、「武藤、ぶっつぶしてやる」とか、「新日本はオレが守っていく」とか、そういう言葉を期待していたけど、健三選手が「自分の明るい未来が見えません」なんて言うから、吹き出しちゃったよ。》（同前）

やはりあの場はプロとしての成果、姿勢を求められていた場だったのである。猪木問答から学べることは、どんなイレギュラーな場でもきちんと成果を出していくしかないということだ。

ちなみにこのときの猪木問答であらためて感心するのは、棚橋弘至である。

「俺は新日本のリングでプロレスをやります！」と棚橋は宣言していた。

若手レスラーにとっては神のような存在の猪木が格闘技路線にご執心でも、自分は「プロレス」をやりたいと言い、猪木に惑わされていない。イレギュラーな場だったが常日頃から自分のすべきことを考えていたからハッキリと言えたのだろう。

棚橋はこのあと暗黒期と言われた2000年代の新日本プロレスで奮闘し、遂には人気回復に導いた。ブレずに一貫していた。棚橋が「エース」になるのも当然だった若き日の言葉であった。


ここまで「オメエはそれでいいや」について考えてきた。爆笑エピソードとして扱われる言葉だが、人によってまったく異なる角度での心の沁み方があることがわかった。猪木という存在はやはりためになる。


では私の好きな猪木の言葉はなんだろう。「10年持つ選手生活も1年で終わるかもしれない」(ストロング小林戦後)もいい。平成になってすぐの「出る前に負けること考えるバカいるかよ!」も人気だと思う。

私が忘れられない言葉は「これで大掃除ができた」(1984年)である。

この年は長州力率いる維新軍団が新日本プロレスを離脱するという衝撃の事件があった。リング内の抗争ではなく本当に団体から出て行ってしまったのだ。新日はどうなってしまうのだ?と中学生の私は心底心配した。すると『月刊ゴング』を読んだら猪木が「これで大掃除ができた」と言ったと知って仰天したのである。

たしか記事には「俺たちはゴミだったのか」という維新軍団の反応も載っていた。そりやそうだ。しかしこの言葉が忘れられないのは、長州たち維新軍団の多くが数年後に新日本に戻ってきたからである。猪木も密かにうれしそうだった。あれだけ言い合っておきながら、これは一体どういうことだと私はびっくりした。

「これで大掃除ができた」という言葉から、苦しいときほど逆を言ってみせる猪木の強がり、ひいてはどんなときも強がらなくてはならない切なさを実感したのである。

強がりと言えば猪木は苦しくみえるときほど「どうってことねぇよ」とも言っていた。これも名言だろう。そういえば高田延彦がグレイシー柔術のヒクソン・グレイシーに完敗してプロレスファンが沈痛したとき、猪木は「よりによって一番弱い奴が出て行った」とコメントした。高田には悪い気がしたが、猪木の言葉でどこか救われたのだ。「これで大掃除ができた」とどこか似ている。猪木は幻想を守ってきた人でもあり、弱気と強気が混在したうえで見ている人間を発奮させる言葉を持っていた。

もう一つ強烈に覚えている猪木の名言は「お前ら、俺の首をかっ切ってみろ!」(1983年)だ。

田園コロシアムでラッシャー木村と対戦して試合後に叫んだ言葉である。この日の猪木は3

カ月ぶりの試合だった。6月2日に行われた第11回ＩＷＧＰ決勝戦でハルク・ホーガンに「失神ＫＯ」されて以来の復帰戦だったのだ。

このときの猪木は新日本プロレスに起きたクーデター事件の衝撃も大きい時期だった。猪木の個人事業「アントンハイセル」に会社の利益がつぎ込まれているとして、猪木は社長退陣を迫られたのである。言わば人生の大ピンチの中の復帰戦だった。なので試合後のマイクアピールは対戦相手のラッシャー木村や他のレスラーだけに向けたものではないようにみえた。叫びの全文は「お前ら、姑息なことはするな。誰でもいい、俺の首をかっ切ってみろ！」である。この言葉はリング上も実生活もすべて地続きな猪木の本音そのものに聞こえた。

つまり猪木を見ることはドキュメンタリーを常に見ているということでもあったのだ。維新軍団が新日本プロレスを離脱するのもドキュメントだったし、個人事業の不振から弟子たちや社員にノーを突きつけられるのもリングを超えた現実の出来事だった。こんな例は数えきれない。

ここで少年時代の私がよく感じていたことを書いてみる。プロレス中継を見ていると、たまに「猪木はなぜ今リングでプロレスをやっているのだ?」と不思議な気分になったことがあった。妙な話だが「あの猪木がなんで今ここにいるのだ?」とつい思ってしまう感覚があった。

なんでそういう気分になったのか当時はよくわからなかったが、プロレスというよりも猪木という特殊な一大ジャンルを見せつけられていることを、なんとなく体感していたのだろう。少年はいつしか猪木にプロレスだけでなく人生そのものを見せつけられていたのだ。そして虜になった。実際、「アントニオ猪木」は長くて面白いドキュメンタリーだったなぁ。

さて、あなたの好きな猪木の言葉は何ですか？

第3章

猪木と80年代テレビ

ムツゴロウさんと猪木の近似性

動物研究家で作家の畑正憲さんが、2023年4月、亡くなった。「ムツゴロウさん」としてテレビでも親しまれていた。追悼番組を見ていたら当時のテレビにおけるゴールデンタイムの空気を一瞬だが思い出してしまった。「ああ、この感覚だった」というのを。ムツゴロウさんもいればアントニオ猪木もいて、川口浩探検隊もいる。お笑いではたけし、タモリ、さんま。凄まじいぞ、テレビ。

では、ムツゴロウさんの当時の映像を見て考えたことを書いていこう。その前にちゃんと整理しておくと、よくムツゴロウさんを語る際に「笑顔の裏に潜む狂気」みたいな語り口は以前からあった。動物好きな優しいおじさんというイメージとは正反対に、本当はヤバい人なんじゃないかという。

たとえば映画『子猫物語』は大ヒットしたが、こんな噂も出た。

《自らメガホンをとった映画「子猫物語」（86年）が大ヒットしたが、子猫を何匹も殺したというウワサが出て、本人が否定したこともあった。当時映画に携わった人物は「子猫は一日単位で成長して大きくなってしまうから、チャトランの模様に似た子猫を何匹もそろえていたこ

とが膨らんだ可能性が高いです」と明かす。》(東スポWEB)

この手の話を聞いた方は多いと思う。超メジャーになるとそれに比例して都市伝説や噂も出てくるという例でもある。しかし私がこれから書くことは、ムツゴロウさんについてのそういう「面白がり方」とは一線を画している。クソ真面目に当時の映像を見ながら考えてみたのだ。

その結果感じたのは「畏怖」という概念であった。

思い出してほしい。呼称に「〜さん」が入っているのは、お坊さん、おすもうさん、ムツゴロウさんである。人びとの親しみを集める一方で畏怖の念もある。とくにおすもうさんとムツゴロウさんは似ている。街で見かけたら人を柔和にさせる雰囲気がある。でもいざとなったら……という想像も働く。

追悼番組ではライオンと「触れ合う」様子が流れた。柵の中にふらっと入るムツゴロウさんにライオンは飛び掛かり、倒して寝技に持ち込もうとする。最悪の状況が思わず浮かぶ。ムツゴロウさんは倒れまいと体をひねり、逆にライオンの上になろうとする。まさに「攻防」である。画面にナレーションがかぶさる。

「ライオンとのスキンシップはおよそ30分続きました」

どう見てもスキンシップに見えない。ようやくライオンと離れたムツゴロウさんは、カメラの前にて肩で息をしながら笑顔でこう言うのだ。

「いやー、ちょっと危険を感じましたねぇ。いいですねぇ、これがなんとも言えないんです。なぜかというとね（こういう場では）金も地位も名誉も全然役に立たないんです。役に立つのは経験と今まで生きてきた情熱と魂だけなんですね」

我々はとても良い言葉を聞いたように思う。しかし、ふと気づくのだ。「そんな状況、普通はない」ことに。他にもアナコンダやワニなどと想像を絶する「触れ合い」の場面が次々に出てきた。見ていると、次第に「こちらにムツゴロウさんが近づいてくる」という動物側の視点になっている自分に気づくのである。

ここに「ムツゴロウさんとは何か？」のヒントがありそうな気がした。単に「ムツゴロウさんって実はヤバい」という面白がり方ではなく、もっと本質的なものに。調べてみると「文春オンライン」が2021年に本人インタビューをしていた。これが参考になった。

まずフジテレビが1980年に『ムツゴロウとゆかいな仲間たち』をやろうとしたきっかけは、畑正憲氏とフジテレビの日枝久氏が新橋で食事をしていたときに「誰も行ったことがないような場所へ行って、思う存分動物と触れ合いたい」と畑氏が提案したところから始まったという。すると日枝氏はいきなり立ち上がって「畑さんそれやりましょう」と盛り上がった。

《「僕のすべてをぶつけます、手加減しませんよ」と宣言はしていたんですけど、番組スタッフの方には「大丈夫？ 野生動物だから一歩間違えたら死んじゃうよ」ってずいぶん心配されましたね（笑）》（畑正憲）

小学生の私はあの番組を「動物王国の温かい生活」という目線で見ていたんだが、基本コンセプトは動物との危険な触れ合いだったのだ。それにしても畑正憲氏はなんでこんな危険なことをやろうと思ったのだろう？ 動物の専門家としての探究心は当然あるだろう。一方で私が注目したのは、ムツゴロウさんのギャンブラー体質だ。麻雀や競馬好きというのはよく知られた話である。むしろそっちの顔こそが、人間「畑正憲」の実像なんだろうとなんとなく感じていた。インタビューではギャンブルの魅力も語っていた。

《僕は、どうなるかわからない命懸けの瞬間が好きなんですよ。たとえば競馬なら10万円くらいの馬券を買って、胸のポケットに入れてレースを見るんです。その馬が勝って500万円くらいになれば、もうしばらく競馬ができる。それを考えたら、頭がパーっとなるんですよ。（略）競馬の話をすると「いくら勝ったんですか？」と聞く人はよくいるけど、そんなことはどうだっていいんですよ》（畑正憲）

つまり、畑氏は金儲けより「どうなるかわからない命懸けの瞬間が好き」なのだ。勝負師と呼べば聞こえはいいが重度の変態と言っていい。普通の人は決してマネしてはいけない行為だ。

そう、普通の人はマネしようとすら思わない。だからお茶の間から見てるのが一番いい。その究極が「猛獣との触れ合い」であることにも気づく。

もしかしたら、畑正憲氏はテレビで成功するには「誰もマネできないことを見せつける」ことだと知っていたのではないだろうか？　昭和のお茶の間、つまり安全圏から人々は何を見たいのかということをわかっていたのではないか？

それは同時に、本人にもたまらないギャンブルでもあった。競馬で大金を賭ける以上に猛獣と触れ合ってみせることは「命懸けの瞬間」だからだ。盛り上がるほどテレビの呼び物にもなる。生還したときのリターンが大きい。そしてその賭けに畑正憲は勝ったのだ。それが『ムツゴロウとゆかいな仲間たち』の正体ではなかったか。「作家・畑正憲」だけでなく「テレビスター・ムツゴロウ」としても大化けしたのである。

さて、ここでどうしても思い出してしまうのがアントニオ猪木なのである。

例えばあの一戦。猪木は１９７６年12月12日、パキスタンで現地の英雄アクラム・ペールワンと戦った。この年の6月にモハメド・アリと戦って有名になった猪木には、世界中から試合のオファーが届いていた。猪木もアリ戦でできた借金返済のためにオファーを受けた。

アリと戦った男・猪木に勝てば自分の名声はさらに高まる。そんなペールワンは、猪木にリアルファイトを仕掛けたというのが定説である。当時セコンドについていた藤原喜明は言う。

《あそこの会場（カラチ・ナショナルスタジアム）は普段はポロの競技場だから、控室が馬も入れておけるコンクリート打ちっぱなしの広い土間でね。猪木さんはそこにひとりで座ってて、『クソッ！ なんで俺がこんなことやらなきゃいけねえんだ！』みたいなことを言ったりして、すごい機嫌が悪かったよ。でも、試合が近づくにつれて何もしゃべらなくなって、たぶん自分を追い込んだんだろうな。そうやって覚悟を決めて出ていったんだよ》（堀江ガンツ・ＮｕｍｂｅｒＷｅｂ・2022年11月16日）

では試合はどうなったか？ 仕掛けられた猪木はなんとペールワンの目を潰し、肩を脱臼させたのである。こういう異常な試合が結果的に今日の総合格闘技への発芽になり、猪木は天才的なプロレスラーであるにもかかわらず、総合格闘技発祥のシンボルにさえなった。

藤原喜明は今でもこう語る。

《俺はあの試合のビデオをもらったんだけど、いまだに観てねえもんな。怖くて観れないんだよ。あの時のいや～な緊張感が、記憶によみがえりそうでさ》（前同）

パキスタンでの一戦は、私たちもＤＶＤ等で見ることができる。あらためて見てみると、帰国後の猪木によるスタジオでの解説音声も収録されているのだが、どこか紀行モノ風でのんびりとした空気なのだ。しかし、当の本人による試合の解説はえげつない。
「んー、鼻の下をえぐるようにしてます」
「目をついたというアピールしてますけど、私も手首を噛まれましたからね」
第3ラウンド。これなら十分いける、このラウンドが勝負と思ったという猪木は早々にペールワンの腕を極める。
「このままいきますと骨が折れちゃいますね?」（実況）
「ねえ。ギブアップしないんですよね。しょうがなくて思いっきりやったら肩がガバーっと……」（猪木）
「ここで骨が折れちゃったわけですか」（実況）
「これ以上やったら折れるぞとレフェリーにアピールしたんですけどね」（猪木）
凄惨なシーンなのにのんびり。なんだろうこのギャップは。ここで思い出した。『ムツゴロウとゆかいな仲間たち』のムツゴロウさんの「解説」とそっくりなのである。視聴者は猛獣との触れ合いにドキドキしているのに、本人はあっけらかんとしてどうってことないというあの雰囲気と。
別の言い方をすればこうも言えまいか。猪木もムツゴロウも、あえてあっけらかんと語ることで自らの存在の大きさを見せているのではないか？　それはある種のハッタリかもしれないが、危機的状況から生還した人だけが行使できる権利であることは間違いない。修羅場をくぐり抜けた人だけができる特権なのである。お見事としか言えない。
試合後のリング上の描写もほのぼのしていた。
「猪木さん『折ったぞ』と言ってますね」（実況）
「ほんとにー、悲惨な試合になってしまいましてですね」（猪木）
最後までゆるやかだったのである。こうして振り返ると、当時のテレビには猛獣たちがゾロゾロいた。彼らは視聴者に、その異形な存在感を見せつけていた。皆に共通するのはあんな人は日常にはいないというファンタジー性でもある。そんな猛獣たちがゴールデンタイムに日替わりで出ていたのだから、80年代のテレビはジャングルそのものにも思えてきたのである。

テレビコンテンツとしてのプロレス

プロレスとは何か？　そのひとつに「テレビコンテンツ」という答えもあろう。テレビ創成期に放送された力道山のプロレスが、その普及に貢献したという歴史は教科書にも載っているほどだ。弟子の馬場や猪木は人気コンテンツを託されたとも言える。

考えてみれば、馬場と猪木はプロレスラーであるとともにテレビ番組のプロデューサーであり出演者でもあった。もちろん本物のプロデューサーはいるが、外国人レスラーのブッキングを含めて、団体をどう展開していくかは馬場猪木の役割であったから、テレビマンの役割も求められていたのだ。その苦労はどんなものだったか想像できない。裏番組が『8時だよ！全員集合』（馬場）や『金八先生』『太陽にほえろ！』（猪木）である。強力なライバルたちとの闘いが毎週待ち構えていた。生き残るにはどうすればよいのか。素晴らしい闘いを見せるのはもちろんのこと、一般視聴者でも画面に釘付けになる企画も必要だ。

猪木・新日本プロレスの『ワールドプロレスリング』は、87年までゴールデンタイムで放送されていた。裏を返せば15年近くもテレビの黄金時間帯を確保していたわけである。テレビマンとしての猪木の才覚もあらためてわかる。

具体的に読んでいただくため、ここからは私のテレビ視聴史も重ねてみよう。私は1970年生まれなので10代が80年代そのままだった。各ジャンルとも80年代の華やかさはゴキゲンだった。とくにテレビ界はキラキラしていた。ビートたけし・タモリ・明石家さんまの時代が始まり、後半からはとんねるず・ダウンタウンの若き力も台頭。ドリフターズもまだまだ健在で志村けんが一人で番組を持ち始めたのも80年代後半からだ。私にとって娯楽の中心はテレビだった。バラエティ、プロレス、プロ野球だけで10代の毎日は忙しすぎた。プロレスもテレビ番組の一つとして「面白い番組」だったのである。

当時のテレビ状況を整理しておくと、出身地の長野県の民放テレビ局は70年代までTBS系とフジテレビ系のわずか2局だった。ただテレビ朝日の猪木の試合も土曜夕方に放送している時期があったようで、幼稚園から小学校低学年の頃もたまに見ていた覚えがある。アンドレ・ザ・ジャイアントの異様な大きさに驚き、猪木と上田馬之助の釘板デスマッチに驚き、洗濯物を干している母親に「どちらも釘板に落ちなかったよ!」と興奮して報告していたことを思い出す。この頃からなんとなくプロレスとは相性がよかったようだ。

そんななか本腰を入れてプロレスを見始めたのは小学4年のとき、1980年だった。きっかけはこの年に発刊された『少年ポピー』という月刊漫画誌だった。ここで『タイガーマスク二世』の連載が始まっており、久しぶりに漫画で見た猪木がカッコよかったのである。アンドレとかシンもまた見たいなぁと思っていたら、その年の秋から新しい民放テレビ局が開局。テレビ朝日系と日本テレビ系をクロスネットした局だったので、長野でも金曜夜8時から『ワールドプロレスリング』をリアルタイムで視聴できるようになったのである。

その第一発目に見たのが80年9月25日、広島県立体育館でのアントニオ猪木VSスタン・ハンセン戦だった。激闘の末、なんと猪木がハンセンの必殺技であるウエスタンラリアートを逆に仕掛けた試合だ。今も語り継がれるあのシーンを一発目に見てしまったのである。サプライズや仕掛け、何が起きるかわからない猪木プロレスの妙味を、最初の一試合目で体感してしまったのだ。こんなの夢中になるに決まっている。

その翌年、81年4月にはタイガーマスクがデビュー。社会現象になるほどのブームを巻き起こす。視聴率は20％を超え、テレビコンテンツとしてもプロレスはあらためて話題になった。

ここは猪木論としても大事なポイントなのでタイガーマスクについても、少し振り返っておこう。タイガーマスクのデビュー戦は私の「全テレビ視聴体験」でもトップの衝撃だった。見たことのない動き、技、テンポ。これは一体何だ⁉ 今テレビで何がおこなわれている？ と魅入られながら見た。間違いなくテレビが伝えた「事件」の一つだった。

元東スポ記者の高木圭介氏は、初代タイガーデビュー40年のコラム（デイリースポーツ・

2021年）でタイガーのデビュー戦、その3日前にテレビ朝日でアニメ『タイガーマスク二世』の放送がスタートしていたことを深掘りしている。新日本プロレスのリングにタイガーマスクが登場したのは、同じテレビ朝日の番組としての「タイアップ」のようなものだったと。

ところがリアルのタイガーマスク（佐山聡）が天才すぎて、いつしかアニメを食ってしまったのである。さらに高木氏はアニメ版タイガーの視聴率が伸び悩んだ他の原因も指摘している。それは裏番組だった。『タイガーマスク二世』は月曜夜7時から放送していたが、裏の日本テレビでは同時間帯に『あしたのジョー2』が放送されていたのだ。なんとどちらも、梶原一騎原作。しかも「パート2対決」！

現在なら考えられないバッティングであり、おおらかというか大まかというか昭和である。「タイガー」は「矢吹丈」相手に視聴率で苦戦して終了した。プロレス中継のタイガーマスクは大人気となったが、本命であったアニメはそれほどの人気は得られなかった。アニメのテレビ化がなかったら佐山タイガーは誕生していなかったという事実。プロレスはテレビコンテンツでもあることを証明するエピソードである。

情報の伝わり方という視点でも興味深い。タイガーのデビューは4月23日（木曜）だったが、テレビ放送されたのは8日後だった。本来ならデビュー翌日の24日（金曜8時）に放送されるはずだが、その日はプロ野球「広島×巨人」放送のためプロレス中継は中止だったのだ。つまりタイガーマスクデビュー戦を蔵前国技館で見た人は、そのあと8日間も自分たちが見た衝撃を説明したくても上手にできなかったことになる。タイガーのあの予測不能の動きを、口だけで説明することは不可能だろう。

今ならタイガーマスクデビュー戦のような衝撃情報はすぐに拡散されるだろうが、世の中に伝わるまでに8日間もタイムラグがあったとは。時代の違いにしみじみする。だがよく考えるとあれから40年以上経ってもタイガーマスクは昨日のことのように語られている。言わば「偉大なるタイムラグ」は現在も発生しているのである。やっぱり凄い。

そんなタイガーマスクがデビューした81年は、テレビ番組としてのプロレスがまた沸騰し始めていた。しかし、アントニオ猪木の肉体は悲鳴をあげ始めてもいた。この年は糖尿病で欠場していた時期もあったほど。年齢で言うと30代後半の猪木は、選手として下り坂の時期に突入していた。

60年代、70年代の猪木はアスリートとしても完璧で、その肉体と技術はまぎれもなく超一流だったと少年時代に書物やビデオで学んだ。一方リアルタイムで見る猪木は肉体の衰えをカバーするためもあってか、試合では老獪なインサイドワークを駆使し、プロモーターとしては刺激的な企画をプレゼンした。その当たり外れが大きかったのが80年代だったと言える。だからこそ見ている側もいろいろ考えさせられたのだ。ここは大事なポイントである。

さてテレビと言えば視聴率の話がよく出るが、一般人が視聴率を気にするようになったのはいつ頃からだろう？　私で言うならプロレス週刊誌がきっかけだった。プロレス中継の視聴率の結果を掲載していたのだ。ファンは、今週は視聴率が上がった下がったと一喜一憂していた。これにはプロレスファンの特殊な気質も関係している。まず「プロレスは世の中にどう見られているのか」という心配があった。そして視聴率があまりに低すぎるとゴールデンタイムからプロレスが消えてしまうという危機意識があった。実際に当時そういう報道がちらほら出ていた。そこに「主演・猪木」の下降期が重なればテレビ番組として存続させてもらえるのだろうか？　という不安もあったのである。プロレスファンは、あらためて視聴率を気にし始めた。

視聴率の件では、今でも忘れられない試合がある。1986年10月9日、アントニオ猪木がレオン・スピンクスと、前田日明がドン・中矢・ニールセンと格闘技戦をやった興行があった。前田の相手が決まってから「前田、ニールセンなんていう視聴率野郎をぶっ飛ばせ！」というひとコマ漫画が『週刊ゴング』に掲載されて、私はえらく共感した。

どういう意味かと言えば視聴率調査は「ビデオリサーチ」が有名だが、当時は「ニールセン」という会社も調査していたのだ。ファンはにっくき視聴率野郎とばかりに「ニールセン」という文字に燃えたのである。当日、猪木は消化不良の試合をしてスベり、ファンが熱狂したのは前田VSニールセン戦だった。前田は記憶が飛びながらも激闘の末に勝利。格闘技志向が高いUWFを率いてアンチプロレスの匂いすらあった前田が、結果的にプロレスを守ってくれたのだ。プロレスファンからすればあのときの頼もしさと言ったらなかった。

「ニールセン」のエピソードはともかくファンがテレビとプロレスの関係にひときわ敏感だったのがこの時期だったと言える。実際、『ワールドプロレスリング』は約1年半後にゴールデンタイムから降格した。杞憂は当たってしまったのである。

第4章

「猪木史観」とは何か

IWGP構想という「逆張り」

猪木の有名な言葉に、「いつ何時誰の挑戦でも受ける」というものがある。猪木の強さへの強烈な自負を感じさせる言葉だ。そこには、プロレス村内に止まらない「強さの尺度」を自分が持っているという、従来のプロレスとの区別が意図されているとも思う。いわば、猪木自身のプロレス観が込められていると言っていいだろう。

歴史は、語る者によって、かたちを変える。実際に起きた出来事をないことにはできないが、「なぜ起きたのか」という解釈は多様にできる。ここでは、プロレスにおける猪木史観を考えていきたい。

80年代初頭の猪木（新日本プロレス）は、タイガーマスクのデビューや長州力の台頭による日本陣営対決、アンドレやハンセン、ホーガンらの豪華外国人勢で活況を迎える。猪木自身も衰えが見え始めたとはいえ、この時期には壮大な仕掛けの総決算を迎えた。それが「IWGP」構想である。「インターナショナル・レスリング・グランプリ」と呼ばれた。

チャンピオンベルトが乱立するのはおかしい、そんなものを統合して世界最強を決めようという構想だった。これには猪木の「対ジャイアント馬場」という宿命と怨念がある。

当時のプロレス界では「ＮＷＡ」のベルトが、世界最高峰とされていた。ＮＷＡとはプロモーターが加盟する横のつながりのような組織のこと。加盟するとＮＷＡチャンピオンを自分の興行に呼べるのである。年に数回でも有名なチャンピオンが来てウチ（地元）の英雄と対戦させればお客が駆けつける。その結果プロモーターは潤う。私の子どもの頃にはＮＷＡチャンピオン＝最高峰という高貴なイメージがあったが、実際は興行の互助会組織をイメージしたほうがわかりやすい。

全日本プロレスを率いるジャイアント馬場は早い時期からＮＷＡに加盟できた。その効果で全日は旗揚げ直後から豪華な外国人レスラーを呼べ、ＮＷＡチャンピオンも呼べた。馬場自身も日本人初としてＮＷＡベルトを奪取して世界の馬場をアピールしていた。一方、猪木の新日本はＮＷＡに加盟を数回拒否されていた。猪木はチャンピオンに挑戦できなかった。

この状況を猪木はどう闘ったか？　私がここで提示したいキーワードが「猪木史観」である。というのは、私が子どもの頃にプロレス誌や東スポなどの「プロレスの教科書」で教えられた歴史とは、エリート・馬場に対しての雑草・猪木の奮闘という構図であった。プロレスの王道を歩む馬場に対して、猪木はストロングスタイルという旗印を掲げた。これは猪木や新日本の発信力の成果だったのだろうが、強さでは馬場に負けないという挑発はウケた。急進的な猪木信者を多く生んだのである。猪木はアジテーターとなって必死に我々を説き伏せたのだ。生きる術として。

そんな「猪木史観」ではNWAはどう語られるか。馬場は俺たちのNWA加入を阻止して、外国人ルートを独占している、俺はNWAベルトにも挑戦できない、すべて馬場の仕業だ、ということになる。この猪木史観を当然のように猪木ファンは支持。新日本はそのあとNWAに加盟できたが、その扱いは低かったので猪木とファンは憤りをシェアしていたのだ。私もそうだった。

しかし、大人になってみると気づくこともある。馬場はデビュー直後からアメリカで売れた実績があったわけであり、そこで築かれた人脈や信用がNWA総会でもモノをいったのだ。有力プロモーター達からすれば以前から付き合いがあって、堅実な人柄でもある馬場との関係を優先したのだろう。それが政治でもありビジネスでもある。猪木の憤りもわかるが、馬場の政治力や世界的実績には圧倒的には負けていたことは確かだ。だから、あのモハメド・アリ戦も「馬場を一気に超えるためにNWAよりメジャーなものへ」という猪木の大きな狙いが根底にあったのかもしれない。

そんな猪木の対NWA、対馬場の最大の切り札が「IWGP」構想だった。世界中のチャンピオンを統一しようという猪木のロマン。これに対して雑誌で読んだ馬場のコメントが今も忘れられない。「ローカルのチャンピオンベルトがまた一つ増えるだけでしょ?」。キラー馬場、クール馬場のひと言はめちゃくちゃ現実的だった。大人だった。

「猪木史観」とは猪木のプレゼン力や頑張りの結晶とも言えた。私は当時の経験から、こうも言える。猪木史観のように、一つの強烈に偏った主張にどっぷりと浸かっていたほうが心地よいのだ。何の疑いもなく信じていたほうが、気持ちよくて楽だった。怒りや憤りも発生しやすい。しかし熱狂的猪木ファンとは言っても、たまにはちょっと馬場側の言い分も聞いてみる。馬場の立場を想像してみる。そんな想像力も必要なのかもしれないと徐々に思い始めた自分がいた。これはプロレス以外でも重要なことではないだろうか。案外こんなところから情報やニュースの読み比べにも興味を持った気がする。

舌出し失神が作り出した「不思議な空間」

新日本プロレスがぶち上げた「ＩＷＧＰ」は１９８３年に開催された。当初は参加選手が世界中をサーキットして、決勝戦はニューヨークのマジソン・スクエア・ガーデンで行うという計画も報道されていた。これにはときめいた。日本テレビの『アメリカ横断ウルトラクイズ』の決勝戦もニューヨークだったから、テレビっ子的にもそのスケールと華やかさが伝わったのである。

しかしふたを開けると、リーグ戦はすべて日本国内で行われ決勝は蔵前国技館。これは毎年やっているシリーズと変わらないんじゃや……と薄々思った。しかし、ＩＷＧＰは空前の盛り上がり。日本各地で大入りを記録した。テレビの画面からも観客がうねっている様子がわかった。そこまで人々を高揚させるものは何か？　皆の願いはたったひとつ、猪木のＩＷＧＰ優勝だった。猪木はその願いを背負って決勝に進出した。１９８３年6月2日蔵前、大団円を1万3千人の観客と全国の視聴者が期待していた。

決勝の相手はハルク・ホーガン。来日した頃は、単なる「でくの坊」だったと猪木も自伝で言っていたホーガンだが、猪木とタッグを組むようになって技や間合いなどを学び、メキメキと実力をあげていた。それでも、この時点では猪木のほうが格上だろうという状況だった。しかし猪木は試合のヤマ場でホーガンのアックスボンバーを食らいダウン。そのまま舌を出してうつ伏せのまま失神してしまう。騒然とする館内。実況の古舘伊知郎は悲痛な猪木コールの大合唱を「渇ききった時代に送る、まるで雨乞いの儀式のように、猪木に対する悲しげなファンの声援が飛んでいる！」と表現し、自身も悲痛に叫んだ。

それでもピクリともしない猪木は、遂にKO負けとなってしまう。そのまま病院に緊急搬送されるという大事件になった。リング上で表彰されるホーガンもあおざめていたのが印象的だった。今でもこの試合は伝説の試合として語られる。猪木が負けたからではない、猪木は自作自演で舌を出して負けたのでは？　という説が根強いからだ。しかし普通に考えてみれば、誰もが猪木の優勝を願う大一番でなぜそんなことを？　と思う。猪木は普通の結末を嫌ったのではないかという見立てがある。予定調和を嫌ったのではないか？「優勝するだろう」という大方の予想をひっくり返してリアリティを出したかったのでは？　というのが自作自演説の論拠である。これはかなり説得力があると思う。実際にあの試合の「失神」は一般紙でも報道され、世の中に対してプロレス＝リアルファイトだと無言の訴えができたのだから。

ＩＷＧＰ優勝はプロレス内プロレスにおける大団円だったのに対して、猪木失神はプロレス外（一般社会）へのインパクトである。このどちらを取るか、猪木は平然と後者を選んだのだ（もし自作自演ならば）。猪木には普通や常識は当てはまらなかった。

そして我々はここでも、猪木に問われたのである。自作自演で病院に運ばれるとしたら、猪木のやっていることは純粋なスポーツではない。しかしそこまで予定調和を嫌う猪木とは何だろう、そこまでリアリティにこだわる猪木とは何だろう、ここまで裏切ってみせる猪木とは何だろうと次々に考えさせられたのだ。それはもはや、スポーツやエンタメを見ているという状況ではなかった。不可思議な空間だった。私は猪木から「半信半疑」という言葉の大事さを学んだが、この時もずっと自問自答していた。するより仕方がなかったのである。

ちなみに猪木舌出し失神の翌日、猪木を支えてきた坂口征二は「人間不信」という書き置きを残して姿を消した。

猪木と向き合うことは矛盾と向き合い、考えること

第1回ＩＷＧＰの猪木舌出し失神事件について書いてきたが、実は私が本当に取り上げたいのは、翌年におこなわれた第2回ＩＷＧＰなのである。猪木失神から1年、舞台は同じ蔵前国技館。前年優勝者のホーガンへの挑戦権を懸けてリーグ戦を勝ち上がったのはアントニオ猪木だった。そう、待ちに待った雪辱戦である。去年のことはもう忘れよう、あれから1年長かったが、遂にこの日を迎えた……というのがファンの思いだった。2年越しの夢である。

1984年6月14日蔵前国技館、第2回ＩＷＧＰ決勝戦、ハルク・ホーガンＶＳアントニオ猪木戦。テレビで見ていても前年を上回る異様な熱を感じた。観客が期待にあふれ、なんというか、何をやってもウケそうな空気なのだ。少し火を付けたら爆発しそう。猪木の入場で館内は最高潮となった。試合が始まった。この日の雰囲気を味わうために古舘節を紹介する。

「ホーガン勢いの2連覇か、それとも猪木、血へどを吐く復讐劇が展開されるか⁉ 今回、猪木殺戮包囲網の中で孤独のＶ戦線を走り抜けて11人の敵を撃破して参りました。そして今夜12人目の最大の難敵と相対しております。一部には猪木最後の晩餐になってしまうのではないかという、そう言った不吉な声も飛び交っているのであります！」

さすが古舘さん、これほどの名調子を聞いて興奮するなというのは無理だ。ホーガンを「華麗なる盗人《ぬすっと》」と評する古舘アナに対し、解説の櫻井康雄は「結局ね、猪木がホーガンを育ててしまったんですね」とぽつりとコメントした。映像を見返すとずーっと猪木コールが起きていることに驚く。

異変はここからだ。試合は熱戦となったが両者リングアウト。観客は納得せずに「延長」コール。するとその期待に応えるように延長戦に雪崩れ込む。しかし3分後、すぐに両者はエプロンでもつれて両者エプロンカウンテッドアウト。不穏な空気のなか、再延長戦へ。両者はまたリング下でもみ合うのだが、ここで信じられない事態が。試合に関係ない長州力がホーガンと猪木にリキラリアートをリング下で敢行したのだ。そのあとやっとのことでリングに上がったのは猪木で、猪木はリングアウト勝ちとなるのだが観客は納得しない。

力の無い延長コールは徐々に怒号に変わる。足で床を踏み鳴らして感情を表す観客。みんなが夢見たＩＷＧＰのベルトを巻く猪木が目の前にいるのに、金返せコールがハッキリと聞こえる。騒然とした現場。

「それではこのへんで興奮のちため息、さんざめく蔵前国技館からこのへんでお別れします」と古舘アナは伝えて中継は終わった。

不可解すぎた。この試合の結末はなんだ？　中2だった私は「なぜ長州は乱入したんだ」とまさに中2らしく長州に怒り心頭だった。2年越しに猪木がホーガンに雪辱する機会をめちゃくちゃにされた。しかし待てよ……長州は本当に加害者なのだろうか。猪木は本当に被害者なのだろうか？　これも猪木の「仕業」なのではないか。確かに1年前の「失神」はプロレスの凄さを訴えるため、予定調和を嫌うためという猪木の単独犯だったかもしれない。それは成功した。しかし今回の結末はどう考えても、誰も得をしないのである。乱入した長州はどこか悲しそうな顔をしていた。不可解だ。

私は徐々に推理小説を熟読する気持ちになった。考えたのは2点である。まず、この1年間でホーガンの立場がメジャーになっていたこと。アメリカの大手団体「WWF（現WWE）」のチャンピオンになっていたのだ。この時期からWWFはホーガンを抱えて「全米制圧」に乗り出して成功し、今のWWEに続いている。ホーガンは世界的なスターになる真っ只中だったのである。

つまり、猪木がスッキリ勝ちたいと思っても「政治的理由」で無理だったのではないか？これが1点目の推測だった。2点目はここで長州力を使うことによって、今後の新たな展開を考えていたのでは？　というもの。

私はここまで想像してみたのだが、それにしても自分でも矛盾していると思った。だって猪木を真剣に応援して、不透明な結末に真剣に怒っているのに、一方でこの試合の「政治的意味」も同時並行で考えていたからである。猪木は矛盾の塊かもしれないが、次第に私も矛盾を小脇に携えていたのだ。

「深淵をのぞく時、深淵もまたこちらをのぞいているのだ」という言葉があるが、「猪木をのぞく時、猪木もまたこちらをのぞいているのだ」という感じなのである。ニーチェのこの言葉の前半は「怪物と戦う者は、その際自分が怪物にならぬように気をつけるがいい」とあるようだが、「怪物」を「猪木」に入れ替えてみてほしい。猪木を見てしまったことで、我々はしなくてもいい迷いに悩み、そして混乱するのだ。しかし、自らが陥ったその状況について、また考えてしまう。悦び怒りながら猪木を見てしまう。それが猪木プロレスなのである。

このときの経験から言えることは、矛盾は体験しておいたほうがいいということだ。できることなら、デカい矛盾を抱えたほうがいい。後に大人になり、人間の営みはそう易々と答えが割り切れるものばかりではないことを眼前にしたとき、猪木の矛盾を早いうちに経験しておいてよかったと何度思ったことか。

猪木と向き合うことは矛盾を直視し、考えることでもあった。矛盾を前にしてあきらめるのではなく前に進むという意味で。それは人生において決して無駄ではない時間になっていた。

なぜ短期間で暴動が3度も起きたのか

疑念をまたしても生んだ第2回ＩＷＧＰ決勝戦だが、この日の客観的な事実を書いておくと、結果に納得できない観客が試合後に、蔵前国技館で暴動を起こしたことも重要である。警察沙汰になった。さらに言えば新日本プロレスでの暴動はこの日の84年から87年まで計3回も起きていることになる。短期間で3回も観客から暴動を起こされるのは、プロ៱ポーツだろうがエンタメだろうがあり得ない。さすがに異様な時期だった。

84年のホーガン戦のあと、2度目の暴動は3年後だった。１９８７年3月26日大阪城ホール、「ＩＮＯＫＩ闘魂ＬＩＶＥパート2」、アントニオ猪木ＶＳマサ斎藤戦。

この日は猪木のデビュー25周年大会の大阪版であり、対戦相手はマサ斎藤。決戦ムードが高まったが試合の終盤に海賊男が乱入。海賊男は何を思ったか、自身とマサ斎藤に「手錠」をかけたのである。キョトンとする観客、困惑する猪木。本当は、海賊男は猪木と斎藤に手錠をかけ、逃げられないデスマッチを仕掛けるはずが、間違えて自分と斎藤をつないでしまったという「単純ミス説」が定説だ。ここから試合はグダグダになり、怒った観客は試合後に暴動騒ぎを起こしたのである。またしてもニュースになってしまった。

3つ目の暴動は1987年12月27日の両国国技館、「'87イヤーエンド・イン国技館」である。日付に注目して欲しい。大阪暴動と同じ年であり、たった9カ月後である。

この日の観客は何に怒ったかと言えば「急なカード変更」だった。本来なら新日本プロレスに3年ぶりに復帰した長州力が猪木とメインイベントで闘うことが発表されていた。しかしビートたけし率いる「TPG」（たけしプロレス軍団）の要求により、猪木はTPGの刺客・ビッグバンベイダーとの試合を受け入れてしまう。長州はタッグマッチに変更された。

今でも覚えているが「藤波辰巳&木村健吾VSマサ斎藤&長州力」の試合中に観客から「やめろ」コールが起きた。モノも投げ入れられ、観客の怒りがダイレクトに伝わった。克明に覚えているのはテレビの前の私も同じく「やめろ」と言っていたからだ。

それほどプロレスファンをイライラさせる流れだった。このあとも猪木はいろいろ提案してこの日を終えるのだが、観客は収まらずに暴動になってしまった。

今からだと気づくこともある。プロレスとはテレビコンテンツであるとも書いたが、まさにこの日はそれを象徴していたのだ。

この年の新日本プロレス中継は、視聴率テコ入れのためにバラエティ色を入れていた。MCに山田邦子を迎えて『ギブUPまで待てない!!ワールドプロレスリング』と銘打っていた。

さらに同じテレビ朝日では『ビートたけしのスポーツ大将』もやっていたので、言ってみればテレ朝はプロレスを盛り上げるためにビートたけしを投入したのである。

もし今、超大物タレントがプロレス界のために一肌脱ぐとなったらファンはエンタメ路線も歓迎したかもしれない。しかし時代が早すぎた。この87年の時点では猪木は衰えたといえどもファンはまだガチガチのストロングスタイルを求めていたのである。

以上、3年間で3回暴動が起きた80年代の猪木をおさらいしてみた。結論を言えば、観客は相変わらず猪木に期待していたが、猪木が体力的な問題等で思うような試合ができなかったり、それをカバーするためにエキセントリックな仕掛けを放ったら大ハズレしたという現実が見え隠れする。

これも80年代の猪木の特徴である(実は体力的以外にも精神的な問題もあったようだが後述する)。私は先ほど「急なカード変更」が観客を怒らせたと書いたが、猪木によるカード変更はよくあることだった。カード変更というサプライズをプラスに変えて試合で満足させていたのだが、この頃になると試合で納得させられないという悪循環になっていたのだ。

今となっては愛おしいが、長年才覚や嗅覚で勝負してきたカリスマ経営者のセンスにズレが見えてきたという事例でもあるし、肉体がついていかないというカリスマレスラーの悲しい現実でもあった。

とくに87年の「たけしプロレス参戦」は、実はプロレスがゴールデンタイム生き残りを懸けた勝負でもあった。この日の中継はゴールデンでの2時間特番だった。そんな大勝負の日、どんな対戦相手であっても視聴者を惹きつけてきたのが全盛時の猪木だったろうが、徐々に企画に頼らざるを得なくなってきたのだ。「テレビとプロレス」の大切さを、身をもって経験してきた猪木が空回りしていた事実が最も寂しくもあった。

この特番が不評に終わった結果、遂にプロレスは翌年の春から、ゴールデンタイムから消えたのである。ストロングスタイルを掲げ、世間にアピールし、強さをその根拠にした猪木の紡いだ歴史は、ここで第一幕が閉じたと、思うのである。

第5章

検証・80年代の奇妙な試合

これから猪木のことを知りたいと思う方には、是非、見ていただきたい試合がたくさんある。私も日本プロレス時代の若い猪木の姿は生まれる前だったので、ビデオなどで見た世代だ。70年代の猪木の試合も後から見たものが多い。名勝負として語り継がれるドリー・ファンク・ジュニア、ジャック・ブリスコ、ビル・ロビンソン、ストロング小林、大木金太郎、タイガー・ジェット・シン、アンドレ・ザ・ジャイアント、スタン・ハンセンなどなど、そして一連の格闘技戦は、今後も何度も見るだろう。

さてこの章では「80年代に集中する猪木の奇妙な試合」について紹介したい。私自身、リアルタイムで見ていて、「自分にとっての猪木」はこの時代の猪木だ。

30代後半となった猪木は徐々に肉体の衰えが訪れるようになった。その一方で老獪な技術や、「プロデューサー」としての企画力を見せて、依然として注目すべき時代だった。この時期には「奇妙な試合」がよく行われた。ここでは国際軍団、UWF、巌流島の3つの試合を取り上げる。そこから見える猪木とは?

猪木が認めた「義に生きた男」　アニマル浜口

今も語り継がれる「こんばんは事件」と呼ばれる一件がある。国際プロレスという団体が倒産し、行き場を失ったレスラー3人が猪木のいる新日本プロレスに「国際軍団」として参戦する、という流れになってから事は始まる。エースはラッシャー木村、切り込み隊長アニマル浜口、テクニシャンの寺西勇。

1981年9月23日、田園コロシアムに乗り込んできた3人。猪木信者で埋まる会場でラッシャー木村は何を言うのか、どんな挑発をするのか？　ファンは固唾を呑む。マイクを握った木村は静かに言った。

「えー、こんばんは」

緊張と緩和とはまさにこのこと。数秒たってから失笑する観客。これがあまりにも有名な「こんばんは事件」である。ラッシャー木村は温厚で、巡業バスの中で仲間に「これ面白いよ」と動物図鑑を渡すほどの優しい心の持ち主。国際プロレスのリングでも寡黙だったから、性格からして挑発など不向きなのだ。「こんばんは」と挨拶する姿には、人柄がみえる。

しかし猪木は厳しい。観客の笑いを嫌う。こいつらとは違いますからとでもいうようにクルッと背を向けた。木村は困惑して立ち尽くしている。すると機転を利かせたアニマル浜口がマイクを奪い大声でがなりたてた。「おい、コラー、猪木ぃ！」。コーナーポストの上に立って会場のファンを挑発。浜口は率先して憎まれ役を買っていた。

浜口は試合をリードするのもうまく思えた。動きに無駄がない。観客から見てもアニマル浜口は最高の「パートナー」であり「参謀」に見えたのだ。事実、国際軍団のあとは長州力のパートナーとなり、どんどん大きくなる長州を支えた。このコンビは理想のプロレスを求めて新日本プロレスからフリーとなって退路を断つ。その流れは「維新軍団」と呼ばれた。

長州のターゲットだった藤波辰爾は当時を思い出してこう語っている。

《維新軍の長州＆浜口組とはよくやりましたよ。浜口さんは長州の動き、技を頭にすべてインプットしていた。試合の流れは浜口さんが長州をコントロールしていた。長州はイケイケの頃だった。だからブレーキをかけずに、どんどん行けばよかった。猪木さんと僕。そして長州、浜口さんの4人が共通していたのは、（パートナー同士の）暗黙の信頼というか。これをいうのは非常に難しいが、信頼していたから試合ができた》（『日本プロレス事件史14　タッグパートナーの行方』・ベースボール・マガジン社）

動きを止めないテンポがいいプロレスによって、長州たちは時代の寵児となる。維新軍団は遂には新日本プロレスを飛び出し、84年に「ジャパンプロレス」を旗揚げ。全日本プロレスに参戦した。しかし2年後に大事件が勃発する。長州が再び新日に戻ろうと決音したのだ。全日に残りたい者、新日へ戻りたい者、ジャパンプロレスは分裂する。浜さんはどちらを選ぶのだろう。ファンは注目した。

すると、アニマル浜口の選んだ道は「引退」だった。

どちらへ行こうとも誰かを悲しませる。だから身を引く。こんな真似は誰もできない。

浜口は引退セレモニー（87年8月20日両国国技館）で、叫んだ。

「この四角いリングの中に僕の青春がありました。人生があったんですよ。ありがとう、ノロレス。さようなら、プロレス」

そうして、リングを去った。引退セレモニーは数あれど、今でも心に残る言葉だ。筋の通った生き方には誰もが感銘を受けた。浜さんはそのあと「アニマル浜口トレーニングジム」をオープンしてボディビルに挑んだ。

それから数年経った90年には、長州に活を入れるために新日の会場に登場。当初は復帰を否定したが再びリングに上がって「気合」を入れまくった。

後年、浜さんは「気合だ〜!」でテレビ界でブレイク。機転が利く人だからバラエティでも人気者となるのも当然だと感じた。テレビで活躍するのを見ていたら「ああ、人の神輿を担いできた浜さんは、今は気兼ねなく『ピン芸人』を満喫しているのだなぁ」と嬉しくなってしまった。
一方、ラッシャー木村は国際軍団からＵＷＦを経て、ジャイアント馬場のいる全日本プロレスに移籍。たどたどしい「本音」のマイクアピールを逆手にとって再ブレイク。寺西勇も国際軍団の後期では初代タイガーマスク相手に名勝負を繰り広げ、本来のジュニアヘビーにて実力者としての力を見せつけた。新日本参戦当初はあれだけ憎まれた国際軍団だが、名誉回復のときが訪れたのだ。
２０１７年にアニマル浜口は当時を振り返ったインタビューに答えている（「ｗｅｂ Ｓｐｏｒｔｉｖａ」）。
新日本プロレスとの抗争を繰り返す中で、浜口は気づいたことがあったという。
《プロレスは、「眼」なんです。敵と対峙する戦いにおいて、いかに眼の力が重要か。僕はそのことを、アントニオ猪木さんに教えていただきました》
《僕は田園コロシアムで猪木さんと出会ってから、悩み、考え続けました。「新日本プロレスとは何か」「プロレスとは何か」をね。答えは、アントニオ猪木という不世出のレスラーにありました。新日というのは、すなわちアントニオ猪木さんであり、アントニオ猪木さんの「眼」にこそ、プロレスの真髄があったんです。》
国際軍団は、猪木の「眼」と対峙してきたのだ。浜口道場の壁に「敵を睨みつけろ！　一点集中！」と書かれているのも、猪木の眼の力から学んだからだ。

アニマル浜口はそんな猪木から、一度だけ認められたことがあるという。（【国際プロレス伝】アントニオ猪木が一度だけアニマル浜口を褒めたこと「ｗｅｂ Ｓｐｏｒｔｉｖａ」・２０１７年６月１日）

新聞記者が言うにはある日の試合前、猪木は新日本プロレスの選手を全員集めて檄を飛ばしたという。

猪木は何と言ったのか？

「俺はもう我慢がならない。お前らは俺と一緒にいながら何も盗んでない。アニマル浜口を見習え！　アイツは俺の弟子でもなければ、新日の選手でもない。それなのに、俺が持っているものをみんな盗みやがった」

猪木はちゃんと見ていたのである。

国際軍団は「多数派の残酷さ」を教えてくれた

国際軍団は新日本に登場した当初は「猪木を狙う悪い奴ら」として、とにかく罵声を浴びていた。猪木もサディスティックな面を全開にした。国際軍団を常に格下扱いにして、抗争から約1年、とんでもない試合を計画した。

それは「猪木ｖｓ木村・寺西・浜口」の1対3変則タッグマッチである。

猪木はひとりずつ3本取らなければいけないが、国際軍団は誰かが猪木に勝てばいいというルール。どう考えても猪木は不利だ。

この試合が行われたきっかけは、シリーズ中に試合をぶち壊されて怒りが頂点に達した猪木が「3人まとめてやってやる！」と言ったことに対して国際軍団が「じゃあ、3人相手にやってみろ」と呼応したことによる。

つまり「猪木の言葉尻をつかんだ国際軍団」という体だったのである。こうなると見え方としては「そこまでしても猪木に勝ちたいのか国際軍団！」と猪木ファンは怒りに燃える。今にして思えば、なんという猪木のプロモーター力であり企画力だろう。

状況としては、猪木に判官びいきの声援が集中する。１９８２年11月4日、蔵前国技館で行われた試合は想像を絶する光景となった。

猪木は「5日前にバッドニュース・アレンの凶器攻撃を受けて、右膝靭帯を負傷したが徐々に回復に向かっている」という状況でもあった。浜口は右足を攻撃することをアピールしていたとおり、執拗に猪木の足を攻めた。

試合は、まず寺西、そして浜口を倒した猪木だったが、木村のラリアットを食らってセカンドロープに左足が引っかかり、宙吊りのままリングアウト負けとなった。最後に力尽きたのである。

私はこの1対3の試合を何度も見た。3人には怒号やモノが飛び交う。画面から放たれるその熱量に圧倒される。みんなこんなに熱かったのだ。確かこの回の視聴率は25%を超えたと『月刊ゴング』で読んだ。

何度目にビデオで見たときだろうか、罵声を背にしても黙々と闘っている国際軍団の姿に目が奪われたのだ。猪木ファンの私だけど、いつしか国際軍団の一挙手一投足を追っていた。彼らは3人で闘うという屈辱は一切出さずにリング上にいた。ラッシャー木村の次男の証言によると、この頃は自宅には生卵を投げ入れられ、ピンポンダッシュをされ、飼い犬には変な餌を与えられるなどして犬は円形脱毛症になってしまったという（『Gスピリッツ』46号）。木村が飲みに行くと周囲の客から絡まれるのはしょっちゅうだったが、それでも黙って飲んでいたという。

リング上でも木村は黙々と闘っていた。あらためて見ると、この試合での木村の気迫に目を見張る。チョップや張り手がド迫力で、コンディションの充実ぶりがわかる。この試合を間近で見ていたリングアナ・田中ケロは「1対3」マッチについてこう語っている。

《そんなカードを組まれたら、プロレスラーとしてどうなんだろうって……。でも、ラッシャーさんのチョップは凄かったんですよ。猪木さんが段々と受け切れなくなって、真正面から受けるのではなく、左肩をちょっと前に出すようになったんです。それによってチョップが胸にキレイに当たらなくなる。お客さんにわからない巧い防御をするんです。そうやって猪木さんが逃げるようになったから、〝スゲェ痛いんだろうな〟って》(『Gスピリッツ』40号)

あのとき小学生だった私は、3人を憎悪の視線でにらみつけていた。だが試合を何度も見てみると国際軍団の途方もないプロフェッショナルぶりに気が遠くなったのである。

それにしても驚くのは猪木である。1対3という構図なら、当然、猪木がマイノリティに見える。だから猪木ファンは判官びいきになった。しかしである、所属団体が倒産した木村らを新日本プロレスに迎え入れた猪木は、圧倒的な権力者だ。しかし「1対3」というカードの中ではマイノリティだった。猪木はマイノリティを装っていたのだ。この試合における真の少数派とは国際軍団であるが、多くの観客は気づかなかった。猪木に「煽られるまま」国際軍団に罵声を投げていたのだ。後年このことに気づいた私はゾッとした。

人間の残酷な心理を熟知した猪木のマッチメイクであったと言える。プロレスは人の心の中にあるわずかな影も浮き彫りにする。近年、少数者に対する「悪意」や「多数派側の優越」がむき出しになることがあるが（ＳＮＳがいい例だ）、猪木のこの試合によって私は人間の心理の怖さを少し早めに知ることができたのである。

人生で大切なことは猪木と国際軍団に教えてもらった。

「ラッシャー木村はえらい」（『オレンヂ・エビス』ｂｙ筋肉少女帯）のである。

かつての自分に挑発された猪木　前田日明

80年代はポスト猪木についての報道も盛んになった。愛弟子の藤波が一番手であり、長州力も台頭していた。彼らのあとに注目されたのが前田日明だ。

私が前田に対して少年の頃から感じていたことは、もともとプロレスファンではなかった人がリングにいる面白さと頼もしさだった。プロレスの歴史をみると、異分子が歴史を創ってたとも言えるからだ。相撲からプロレスに懸けた力道山、プロ野球の読売ジャイアンツから転向した馬場、ブラジル移民で現地でスカウトされた猪木もそうだ。昭和の時点では国内のプロレスはまだ歴史が浅かったので必然的にアウトサイダーの力が大きかったとも言える。

ただ、空手からスカウトされた前田は、入門後もずっとアウトサイダーの匂いがあった。ひと言で言えば猪木に気後れしていない。遠慮しないのだ。そういう「怖さ」を猪木ファンの私は前田に感じていたのである。

そう感じさせたのは、前田の猪木に対する愛憎もあったのだろう。80年代前半の前田をおさらいすると、海外修業を終えて83年の帰国後にトップグループ入りして注目された前田は、翌年に新日本プロレスから姿を消した。この当時、新日本社内で猪木のビジネスへの不手際を糾弾する動きがあった。するとなんと猪木が新団体に移籍し、フジテレビが放送するという計画が持ち上がったのだ。有望株の前田は「猪木があとで合流するから、先に行ってくれ」と関係者に言われて移籍したという。しかし猪木は来なかった。フジテレビでの放映も見送られた。

そんな状況の中で新団体「ＵＷＦ」の若きエースである前田はノーテレビで奮闘したのだ。猪木に裏切られたと前田が思っても仕方がない状況だった（ちなみに猪木は移籍話を否定している）。

さらに、前田には大きな変化が訪れる。苦戦するＵＷＦだったがファイトスタイルには劇的な化学反応が起きたのである。藤原喜明や佐山聡が参加したあとは「ロープに振られたら戻ってくる」という、プロレスの醍醐味でもありつつ矛盾の一つにも見られていたロープワークを排除した。キックや関節技を重視した格闘技色の強いプロレスを打ち出した。わかりやすく言えば猪木が提唱する「ストロングスタイル」を徹底的に煎じ詰めたのである。

コアなファンは後楽園ホールに集まり始めた。しかしこの先進的なプロレスは「都市型政党」のように東京では支持が集まったが、地方の興行では集客に苦労した。幸運なことに中学生だった私はこの頃のＵＷＦ（後に「旧ＵＷＦ」と呼ばれる）をよく生観戦していた。地元の長野県に旧ＵＷＦに近いプロモーターがいたのだろうか、よく興行で来ていたのだ。たしかに観客は少なかったが、新しいプロレスを中学生時代に何度も目撃できたことは私の宝になった。

貴重な存在だった旧UWFは、85年9月11日に経営難で興行団体としての活動を停止した。そして12月6日、新日本プロレスと業務提携を結んだことを発表。この日の新日本のリングには前田日明、藤原喜明、木戸修、高田伸彦（現・延彦）、山崎一夫の5人が現れた。

印象的だったのは皆スーツ姿だったことだ。マイクを持った前田は「この1年半の、UWFの闘いが何であったかを確認するために新日本に来ました。試合を見てください」と挨拶。静かに堂々と語る前田には好感とカッコよさしかなかった。後年明かされた逸話だと、UWF勢はジャージ姿で乱入という登場案もあったというが前田が拒否したという。スポーツライクなプロレスを訴えてきた姿を否定してしまうからだ。

このように従来のプロレスの作法とは一線を画したUWF軍団。その姿勢は、猪木に対しての言葉にも貫かれた。前田の猪木批判はマスコミで大きく取り上げられた。86年だけでも次のようなことを言っている（『日本プロレス事件史19　軍団抗争』）。

《猪木さんはレスラーとしての気構えがおかしいんだよ。自分がこうやればファンは拍手するという計算だけで試合をやっているんだ。楽をしてるんだ。それをごまかすために『風車の理論』だとか『受けの美学』だとかわけのわからないことを言っている。だから猪木さんと闘って体で教えてあげたいんだ》

《猪木さんは変わった。俺たちに教えてきたことと、今やっていることがまるで違う。そんな人に今の俺は何の思い入れもないね》

《アントニオ猪木だったら何をやっても許されるのか？》

いかがだろうか。芯を食いすぎている。これらの発言を報道で目にした私は唸り、ビビっていた。前田は「猪木、ブっ潰してやる！」というようなプロレス言語ではなく、猪木の矛盾を突くリアルな言語を冷静に放っていたからである。

淡々とした前田にはさらに惹かれつつ、もし前田が猪木と闘ったらどうなってしまうのかと、猪木ファンの私は恐怖が止まらなかった。皮肉なのはかつて猪木は馬場に対して「俺と闘え」と挑戦、挑発していたことだ。馬場のプロレスを否定して鋭利な言葉で迫っていた。自分の実力に自信があったのだろうが、時を経て、権力者となった自分に前田がまったく同じことをぶつけてきたのである。猪木はかつての自分に挑発されていたのだ。

ＵＷＦと新日本の「思想対決」は86年の年明けから始まった。元々ＵＷＦの選手も新日本で育っており、故郷は同じである。しかし新日本のスタイルを認めず、イデオロギーを過激化したまま「里帰り」してしまったのである。これは一体どうなってしまうのか。

新日本のレスラーがＵＷＦ勢をロープに振ったら、帰ってくるのか？　ＵＷＦ勢の先鋭化したキックや関節技に、新日勢は耐えられるのか？　そもそも試合は成り立つのか？　思想対決は異様な視点で注目されたのである。そして実際にギクシャクした試合が続いた。

新日本は猪木への挑戦権を懸けてＵＷＦ同士でも闘わせた。勝ち上がってきたのは前田との接戦を制した藤原喜明だった。猪木は藤原と2月に闘うことになった。ここで注目されたのは両者の関係性だ。かつて猪木は実力者の藤原を弟子の中でも大切にしていた。海外での危険な試合には、必ずスパーリングパートナーとして藤原を連れて行った。用心棒の意味合いもあったのだろう。

「猪木さんは『パーティーに連れていくのは藤波で、危ないところに連れていくのは藤原だ』って言ってた」と藤原自身も後年インタビューで話している。

つまり師弟の絆がしっかりあり猪木に心酔していた藤原は、猪木からすればＵＷＦの中では与しやすかったのだろう。猪木は関節技をかけてきた藤原に技術指導らしきアピールまでして、しまいには金的を狙ったかにみえる攻撃も行って勝利した。セコンドの前田は激高し、勝ち名乗りを上げる猪木のアゴにハイキックを放った。猪木はきれいにぶっ倒れた。このシーンだけでも前田が猪木と闘ったら容赦しないことが想像できたのである。

すると新日本プロレスは3月26日の東京体育館で、猪木と前田の一騎打ちを発表した。意外にすんなり実現した夢と恐怖のカードを、私は指折り数えて待つことになった。

しかし猪木が前田戦に待ったをかけたのである。「営業サイドは猪木対前田を考えているようだが、俺の口からはやるなんて一言も言っていない。それを決まったかのように報道してもらっては困る。俺とＵＷＦの対決はＵＷＦ側の代表者が藤原と決まり、それで決着がついたはずだ」と言って前田戦を見送ったのだ。

しかしファンは「猪木は前田から逃げた」と感じたのである。もちろん私もそうだ。このときの猪木の言動が逆に前田の時代がやってきたことをファンに印象付けたと今でも思う。

では、幻となった猪木と前田の一騎打ちの代わりに組まれたカードは何か？

「新日本対ＵＷＦ　５対５イリミネーションマッチ」

それは初めて耳にする試合形式だった。

どんなルールかと言えば両軍の選手が５人ずつリングに上がる。タッグマッチと同じでリング上では１対１の闘いを行う。負けた選手は失格となって退場していき、最後に勝ち残った選手がいる側が勝ちというもの。つまり10人タッグマッチなのだが、通常のタッグマッチとは異なる重要なルールがあった。それは「リング外に落ちた選手は失格となる」という特別ルールである。

肝心のメンバーはＵＷＦは当然ながらいつもの５人。一方で新日本チームは「アントニオ猪木&藤波辰巳&木村健吾&上田馬之助&星野勘太郎」だった。ケンカの強さが伝えられる星野勘太郎の名前もワクワクさせたが、最も注目だったのは「上田馬之助」である。

猪木と上田は新日本のリングで血みどろの抗争を繰り広げてきた。日本人ヒールとしてタイガー・ジェット・シンと組んで猪木と闘ってきた。それだけではない、猪木と上田の因縁は日本プロレス時代にさかのぼる。日プロ幹部の金銭感覚や不正を訴えて会社を改革しようとした猪木を裏切って「上田は幹部に密告し、猪木を逆に日本プロレスから追放した」という歴史があったのだ（これは猪木側からの視線・主張であり、本書でも後ほどあらためて触れる）。猪木からすれば人生の天敵だ。

そんな上田が猪木陣営に入るというのだ。よりによって前田との闘いのときに。ヒールで滅茶苦茶なイメージの上田だが実は若手時代はガチンコの実力者として知られ、猪木は上田を対UWF用に入れたのだと報道では解説されていた。しかし私は不安で不穏で仕方なかったのである。つまり、本当に上田は猪木の味方なのだろうか？　と。

たとえば5対5の闘いが進み、もしリング上で猪木と上田が残って、前田と対峙したらどうなる？　ここでも「上田が猪木を裏切って」そのままリングを下りて失格となったらどうなる？　自動的に猪木対前田の一騎打ちになってしまう……。そうなると前田の希望が実現する。上田の参加が発表されたとたん、私はそんな最悪な状況すら予想して、試合当日まで居ても立ってもいられなかったのである。この試合は「人生のリアルな因縁」も踏まえて見ると、とんでもない試合だったのだ。

当日の決戦は入場シーンから盛り上がった。私が見てきたプロレスでもベストと思えるほどの入場シーンだった。田中リングアナが名前をコールすると10人のレスラーが1人ずつテーマ曲で入場してくる。山崎→星野→高田→上田→木戸→木村→藤原→藤波→前田→猪木の順　上田が姿を現すとドッと沸いた。上田のテーマ曲は「スパルタンX」だった。後に三沢光晴のテーマとして不滅の人気を集めた曲である。

ＵＷＦのエース前田のテーマ「キャプチュード」が流れて、興奮のピークに向かう東京体育館。実況の古舘アナが「ＵＷＦの闘う黒髪のロペスピエールと言われます前田日明！」と奏でるとテレビ画面越しにも会場は最高潮だとわかった。しかしここで古舘アナの声もリングアナのコールも一瞬かき消された。真打である猪木の登場だからだ。入場を待ちきれない観衆による猪木コールが爆発したのである。

《そして会場内が割れんばかり！１万１６４０人のファンがひとつになったぁ！　ドォーッというざわめきの中を、アントニオ猪木が入って参りました！　猪木に対する惜しみない声援！会場内が割れんばかりだ！》（古舘伊知郎）

「猪木ボンバイエ」にのって姿を見せた闘魂ガウンに紙吹雪が舞う。舞台設定といい会場の雰囲気といい、私が見た中ではベストだと思う猪木の入場シーンである。

いよいよ試合が始まった。猪木と前田が先発だ。観客は最初から盛り上がったまま。古舘アナが「前田は猪木の魔性の力に免疫がある」と言うと、解説の櫻井さんは「今、新人類という言葉がありますがね、前田と猪木の関係はプロレス界での新人類ですよ。猪木の幻影にとらわれていないというね」と当時の流行語を交えて前田を語る。キックや関節技を見て「UWFのほうが技にキレがある」と何度も語る櫻井さんが印象的だった。

試合は山崎→星野→木村の順で退場した。早くも「リング外に落ちた選手は失格」というルールが試合の見せ場となった。木村健吾は前田のキックを食らってリング下に転落して失格となってしまったのだ。さらには藤原のスリーパーホールドを振りほどこうとした藤波が、勢い余って場外に2人で落ちて両者失格となる展開も。猪木はロープをつかみながら横たわる前田を足で押しながらリング下に落とそうという行為も見せる。場内には悲鳴があがった。「リング外に落ちた選手は失格」というルールが観客を興奮させていたのである。

試合は遂に上田馬之助の出番となった。なかなかタッチがまわってこなかったが、リングに登場すると場内から大歓声。しかしあっという間に星野がタッチを求めるのですぐに交代となってしまう。これは新日本チームの温存作戦なのか、もしくは不協和音なのか。

そして試合が進み、気づくと残っているのは新日チームは猪木と上田の2人だけだった。UWFチームは前田、木戸、高田の3人。私が恐れていた「猪木と上田の2人だけ」の局面が実現してしまったのである。もしここで上田が試合放棄をしたら……。恐る恐る上田の動きに注目していたら前田と対峙した……さぁ、どうなる。

前田は自慢のキックを上田の胸元に放つ。しかし上田は倒れない。よく見ると前田と身長差が変わらないのにもかかわらず、上田の「デカさ」に気づく。若手の頃に道場でガチンコの強さを囁かれていたというのは本当だったのか。前田が何度目かの蹴りを上田に見舞う。と、そのときだ、上田は前田の足をつかむと、そのままロープ際に近づいた。次の瞬間、自らリング下に降り、足を持ったまま前田も場外に引きずり込んだのである。「道連れだ!」テレビを見ていてハッとした。場外に落ちたので上田も失格だが前田も同様だ。リングのエプロンを叩いて悔しがる前田。なんという展開だろう。

解説の櫻井さんは「あああ〜、上田は前田を狙っていたんですねえ……」と感嘆の声をあげていた。猪木の上田起用はここにあった。上田は猪木の味方だったのだ。

この時点でリング上は、新日本は猪木が1人でUWFが木戸と高田の2人。数の上ではUWF有利だが前田が消えた今となっては猪木が有利に思えた。そして一人ずつ片付けていく猪木。

こうして前代未聞の「5対5イリミネーションマッチ」は猪木、新日本の勝利となった。

この試合の何が凄いって、プロレスの急進的な改革を訴えて思想もガチガチだったUWFを引き入れ、よりによってプロレスの面白さを見せたこと。場外失格というゲーム性の高いルールも入れて試合を成立させたのである。その結果、最初から最後まで観客を興奮させてしまったのだ。娯楽性もあるが緊迫感もずっとあった試合だった。

猪木と上田の人生のリアルな関係性も放り込み、どんな展開になるか想像力を刺激させて常に観客をドキドキさせた。猪木は前田から逃げつつ、この奇妙な試合でプロレスの奥深さをまたもや証明してしまったのである。猪木の老獪さと策士ぶり、そして入場シーンからのエンターテイナーとしての圧倒的な姿。猪木を堪能したい方は是非ともこの試合を見て欲しいのである。

そして何と言っても前田日明だ。「危険な前田」「何をやるかわからない前田」という前田がいたからこそ、この試合は盛り上がった。2013年に私は雑誌『KAMINOGE』のニコ生番組で前田さんとご一緒した機会があった。配信後に皆を食事に誘ってくださった前田さんは何でも話してくださった。誰にでも平等に接してくれて「アキラ兄さん」とファンに愛される理由があらためてわかった。

私にもまさかの言葉をくださった。

「お笑いとプロレスには共通点があるんだよ。『どんな人にも壁をつくらない』と、『やっちゃったもん勝ち』だから」

ああ！

この言葉、私は番組等で政治家や大物著名人と話すときは今でも思い出している。

だから猪木は巌流島でよだれまみれでマサさんを殴った

《巌流島の決闘と聞いて、世間はお笑い草だと馬鹿にした。また猪木が馬鹿なことをやっていると笑った。だが、私は大まじめだったのだ。マサも真剣だった。》（アントニオ猪木自伝）

１９８７年10月4日、アントニオ猪木はマサ斎藤と巌流島で闘った。宮本武蔵と佐々木小次郎が慶長17年（１６１２）に果たし合いを行ったというあの場所である。約束の時間に大幅に遅れてきた武蔵が一撃で勝ったと伝えられる。そんな伝説的な場所で猪木はなぜ闘おうとしたのか。

この年の新日本プロレスの大きなトピックは長州軍団が新日マットに帰ってきたことだった。前田日明率いるＵＷＦ勢もいて賑やかな構図になった。すると6月の両国大会の「猪木ｖｓマサ斎藤」戦終了後に長州力がリングに上がり、マイクアピールで世代交代を宣言したのである。この瞬間、猪木と斎藤らに対してニューリーダー（長州、藤波、前田ら）が挑むという世代闘争にテーマは変わった。

面白いことにこの時期は、政界ではポスト中曽根康弘をめぐって自民党の竹下登、安倍晋太郎、宮澤喜一の「ニューリーダー」が注目されていた（11月に竹下登が新総裁となる）。新日マットはまさに社会を反映した展開にも思えた。

フレッシュな組み合わせと世代交代という新しい時代の予感に観客はワクワクしたが、どうやら猪木は面白く思わなかったようなのである。長州らがニューリーダーなら自分は権力側（ナウリーダー）という構図になる。主役は長州らであり、自分達は守旧派で脇役となる。

そこで猪木はマサ斎藤を指名し、巌流島の決闘という突拍子もないプランをぶち上げた、という見方が多い。いや、もしかしたら猪木は世代闘争も発案したのだが、手ごたえを感じなかったのですぐに方向転換したのかもしれない。実際、8月の両国2連戦で行われた世代闘争は注目を集めたものの、意外にハネなかった。

急に提唱された巌流島の闘いだったが、実は歴史好きの藤波のアイディアだったが猪木がパクったという説があった。猪木らしいデタラメさが想像できる大好きな噂である。実際どうなのか。


元新日本プロレス社員の上井文彦氏は2019年にスポーツ報知の取材に次のように語っている。山口県下関市出身の上井が巡業中に地元の山へ関係者を案内すると、展望台に登って双眼鏡で見ていた藤波が「あそこ巌流島だよね。あそこで俺と長州がやったらおもしろいよね」と言ったのが始まりだったという。噂は本当だったのだ。そのあとの流れはこうだ。

《7月になって当時営業部長の倍賞鉄夫さん（故人）から「10月のクールが変わるときに、テレビ朝日のスペシャル番組がとれるから、何かアイデアあるか」と聞かれた。上井氏が「10月5日に後楽園ホールをおさえてあるので、それと同じ日に巌流島と二元中継すればいいじゃないですか」と提案すると「それは面白い」となって、倍賞さんがテレビ朝日と交渉。約一週間後に「スペシャルで巌流島決まったぞ」と言われた。》（スポーツ報知）

しかし肝心の試合カードは変わっていた。藤波対長州ではなくアントニオ猪木対マサ斎藤になっていたのだ。

《猪木会長が「そういう戦いは、まだあの2人にはできない。俺とマサしかできない」と言ったという。「すり替わったんですよ。テレビ朝日もやっぱり猪木と斎藤がいいという。人生をかけたいろんなストーリーがあるから、レスラーとしての当時の重みが違いますからね」》（同前）

猪木がまんまと藤波のアイディアを拝借した形になるが、しかしハッとする。「無人の巌流島でなぜわざわざ闘う?」という疑問があったのだけど、そこにテレビカメラが入れば「素晴らしい画」になる。特番の企画として申し分ない。テレ朝はより数字が取れそうな猪木ｖｓ斎藤案に乗った。プロレスはテレビコンテンツでもあるという事実を再確認させてくれる逸話である。

そして巌流島決戦で重要なのは「人生をかけたいろんなストーリーがあるから」という上井の言葉だ。実はこのときの猪木は、人生でどん底だったのである。猪木を複合的な不幸が襲っていたのだ。まずビジネスの失敗による億単位の借金地獄。それに加えてパートナーの倍賞美津子さんとの離婚の話が同時に進んでいた。猪木は年齢的な衰えだけでなく精神状態もひどく、この頃の状況を振り返る「猪木自伝」はとんでもないことになっている。

《私は自殺しようと思った。》

《借金地獄に家族だけは巻き込みたくなかった。》

《私は掛け捨て保険に入ろうと思った。私が死ぬことで解決できるなら、死ねばいい。自分の中で離婚の覚悟はできたが、それが公になることは耐え難かった。》

離婚は美津子さんから言い出したという。美津子さんは猪木の借金問題を支え続けていたが、猪木は現実から逃げたくて家に帰らずに遊び歩いていた時期もあった。前年には女性問題が写真週刊誌『ＦＲＩＤＡＹ』で報じられていた。こうして徐々に夫婦生活に亀裂が入ったという。

《心の奥底に、死んでもいいという気持ちがまだあったし、ヤケクソになっていたのかもしれない。どうせ死ぬなら、私らしく、闘って死にたいと思った。》（猪木自伝）

このタイミングで巌流島のプランが猪木に飛び込んできたのである。

《私が巌流島で観客なしの決闘をする、と言い出したとき、ほとんどの人は気が狂ったと思っ

たのではないか。》

そんな馬鹿な話に乗ってくるプロの選手はいないか。すると、マサ斎藤が名乗りを上げたと猪木は語る。

猪木と斎藤は若き日の東京プロレス時代からの縁があった。1966年に豊登が海外修業中の猪木を口説いて旗揚げした東京プロレスに、斎藤は参加していたのだ。レスリングで東京五輪にも出場した斎藤は猪木とよくスパーリングもしていたという。東京プロレス崩壊後は猪木は日本プロレスに復帰し、斎藤は海外に活路を求めた。互いのことは実力も知り尽くした仲だった。

《彼は何も言わなかったが、苦しんでいた私の思いをわかってくれたのだろう。(略)それにしても私も馬鹿だが、それに乗ってきたマサも大した馬鹿だ。》(猪木自伝)

巌流島の闘いは猪木が正式に離婚届を出した2日後に行われた。

《何だか無性に泣けてきた。涙が溢れだして止まらないのだ。ここに至るまで、私は自分を追いつめてきた。だからそのときは本当に、もう死んでもかまわないと思っていた。こんな命なんて惜しくない、マサに殺されるなら、本望だ。》

そうして行われた闘いは、ルールなし、レフェリーなし、観客なしの時間無制限。立会人は坂口征二と山本小鉄。

夕方に火ぶたが切られた決闘の地には、いつしかかがり火がたかれていた。試合は2時間5分14秒、猪木が裸絞めで斎藤を失神させ、戦意喪失によるTKOで決着。

2時間超えという時間にも驚くが、この試合での猪木のさまざまな「行動」や「表情」にはさらに驚いた。リングを下りて草むらで絡み合う2人。流血しながら何か叫んでいる。その血はよだれと合流し、猪木は赤い糸のようなものを垂らしながら斎藤を殴っている。いつもよりさらに正気の沙汰ではない猪木に、私は怪訝な思いだった。シュールな映画を見せられている感覚に襲われた。猪木のプライベートに重大なことがあったと知ったのはしばらく後だ。

巌流島を終えた猪木はこう語る。

《巌流島で離婚のストレスから少し解放されたのか、死のうという気はもうなくなっていた。》

(猪木自伝)

リングの上も外も、私生活もなんでもプロレスに叩き込んでしまう猪木。猪木の試合にはこれは一体なんだ?・」と観客がまったく解釈できない試合が少なくない。「?・?・?」が発生する試合がある。そうなると見てる側はさらに理解したくなる。

まるで名画に込められたテーマや意図や、その技巧を解釈したいと思うように、ファンは猪木の試合も解釈したいのだ。しかし簡単に解釈させてくれないのが猪木なのである。リアルタイムでは目の前で起きていることがわからない。だから何度でも見る。するとあらためて気づくのだ、ゴールデンタイムのテレビで、暗闇の島でよだれを垂らしながら人を殴っている男がいることに。視聴者は様子がおかしい猪木をただ見つめるしかない。「？・？・？」を抱えながら。

猪木は自伝で、借金取りに追われていた頃の試合前の気持ちも告白している。控室で今日こそはいい試合をしてやろうと気合を入れていると電話がかかってくる。

《電話を取ると、案の定、手形が落ちていないとか、振り込まれていないという用件だ。せっかくの気合は一瞬にして萎み、膝の力がガクンと抜けてしまう。落ち込んだ状態で控室に戻り、自分の試合までの時間、じっと座ってあれこれ悩んでいる。周りが何を言っても上の空だ。》

しかし、時間が来るとリングに上がらなければならない。

《うまくしたもので、そのときはスイッチが切り替わるのである。落ち込んでいた反動で、リング上の敵を徹底的にぶちのめす。終わって戻ると、また電話だ。》

なんという精神状態であろう。しかしこうも言えないか。猪木はリング上だけが自由だったのではないか？　常人ではわからない、まれに見る精神状態と現実こそ、リングでは狂おしいほどの理解不能なアントニオ猪木の世界を生んだのではないか？

後年、マサ斎藤は巌流島の決闘をこう語っている。

《アントニオ猪木の相手としてできる奴なんかいないじゃん。俺しかいないんだよ。それをアントニオ猪木が見抜いて、俺を選んだ。2時間5分も戦える奴がいるなら出て来りゃいいんだけど、俺しかできない。アントニオ猪木も俺も……お互いが鬱憤をリングの上でぶつけ合って、その結果があああいうことになった》（『Gスピリッツ』40号）

以前に、勝負事（博打）にハマっていた人の話を聞いたことがある。借金をつくって酷い毎日だったが、博打をやっているときだけは現実逃避できたという。猪木もその心境に近かったのではないか。もっとも猪木の博打はプロレスとビジネスの二つもあったことか特殊だったのだが。

そう考えると、プロレスだけに専念しますと、もし猪木が言っていたとしたら、上品すぎて猪木らしくなっていたかもしれない。たくさんの山っ気とノイズがあったほうが猪木らしさを生んでいた。あちこち向いているけど今日の猪木はリングに集中していると思える瞬間が私はうれしかった。やはりこんなレスラーは猪木しかいない。近づいたら危険だが遠くから見ている分にはたまらない存在なのである。

この昭和の末に行われた巌流島の闘いは、そんな昔の話もあったよねという懐古案件ではない。現代にも繋がっている。なぜなら「無観客試合」であったからだ。この試合モデルが

2020年からのコロナ禍であらためて注目されたのである。プロレスライターの斎藤文彦さんは海外取材経験も長くてレスラーや関係者とも交流が深い方なのだが、巌流島の「無観客試合」について海外の著名レスラーから斎藤さんに問い合わせが相次いだという。無観客でも配信（放送）さえあればやり方次第で興行は成り立つ。先見の明がありすぎた巌流島決戦。

当時は観客がいない状態でどう収益を上げたか？　実際このときも試合を計画した上井は「客を入れないでやるのか。興行会社が無料でやるイベントなんて聞いたことない」と上司に叱責されたという、しかし……。

《ある巡業中に、タイヤメーカーののぼりがはためいてたことにヒントを得た。「大相撲の幟はスポンサーで持っているよなと思って、1本10万円で売ったんです。130本売ることができて1300万円。全部の経費が1160万円だったですから、普通に140万円の黒字になったんです」》（スポーツ報知）

巌流島のリングの周囲に、スポンサーののぼりを立てて黒字にしたのである。無観客の巌流島が黒字だったなんて。さらに放映権も入ってくる。発想があればピンチも乗り越えられる。猪木はガチな感情をリングにぶつけつつ、興行としても成立させてしまった。

昭和の伝説の決闘は、令和のコロナ禍にあるプロスポーツやエンタメビジネスにもヒントを与えたのである。

さてここまで、80年代の猪木の奇妙な試合について書いてきた。私は80年代以降の、つまりベテランとなったアントニオ猪木を主に見てきた世代だ。だから60〜70年代の若くてアスリートとしても絶頂時の猪木をリアルタイムで見られた世代の方がうらやましかった。

しかし今あらためて思うのだ。避けようにも避けられず、必然と人生の影も落ちるようになった時代の猪木を多感な時期に見れたことは、よかったのではないかと。猪木を通じて人間の業の深さや、現実と向き合わざるを得ない人間の生きる姿を見たことは財産だと思う。プロレスラーという枠を超え、人間の奇妙さ、切なさ、愛おしさを猪木を通じて学んだのである。

第6章

猪木の愛弟子たちからの学び

長州力から考える「化けるということ」

『100日後に死ぬワニ』という漫画が、最終回直後にSNSを中心に炎上したことがあった。もう忘れたという人もいるかもしれないが、あれって物事をどう楽しむかという視点で言うとプロレス案件だったと思う。

おさらいしよう。漫画家でイラストレーターのきくちゆうきさんが2019年12月12日からツイッター（現X）で連載を始めた。

《主人公のワニのほのぼのとした日常を描きながら、漫画末尾には「死まであと〇日」。ギャップに反響が広がり、きくちさんのフォロワーは200万人を超えた。》（朝日新聞デジタル2020年3月21日）

しかし完結と前後して発表された告知が、批判を集めた。書籍化決定、映画化決定、グッズ販売やイベント開催。

《個人のツイッターアカウントから始まった漫画の大がかりな展開に、全ては広告会社が裏で仕組んでいたのではという見方が広がり、21日には「電通案件」という言葉がツイッターでトレンド入り。「ワニはステマ（ステルスマーケティング）」「怒濤《どとう》のメディア展開されると冷め

た目で見てしまう」と、感動から一転して否定的な意見が次々に投稿された。》(同前)
あのときのSNS住人たちの感情は凄かった。「電通案件」との話を電通は否定したが、今までSNSで見守っていた人が、結局は誰かの手で踊らされていたのかと思って悔しくなり可愛さ余って憎さ百倍になったのかもしれない。
私はあのワニ騒動に関しては「商売がお上手ですなぁ」とニヤニヤしてればいいんだと思う。その程度の皮肉で止めておくのが大人というもの。商業的に大化けしていくものを嫌う人がこんなに多いのかと驚いた。
実は今回のワニの件と類似する案件を私は知っている。それは「長州力のツイッター」だ。

あの頃、長州さんはその独特な使い方でツイッターでもブレイクしていた。『100日後に死ぬワニ』と双璧だった。私はSNSを通じて大化けしている姿を「あの頃の長州」と重ね合わせて楽しんでいたのだ。

長州は海外遠征直後の試合で藤波にけんかを売った下克上事件があった。あの前代未聞の「心の叫び」の発露によりファンに共感されてブレイクしたのだ。つまり長州力はあの頃から影響力のある「つぶやき」をしていたのである。SNS革命戦士ここにあり。

さらにたまらないのは、あの事件の真相には、今も諸説あることだ。「長州はアントニオ猪木の言葉に触発された」という説も根強い。まさに歴史ロマンである。明智光秀がなぜ信長に謀反を起こしたのかに諸説あるのと同じ。プロレスファンはそれぞれ自己解釈する楽しみを「与えられている」のだ。

考えてみよう。これを今回のワニみたいに「え、電通（＝猪木）が仕掛けていたの？」と興ざめするのはとてもつまらないことではないか。背景なんかどうでもいい。だって我々は「真実」を見ていたのだから。あの事件をきっかけに「長州力はとんでもなく輝き始めた」という真実である。

スターの風格を日々身に付けていく長州。人が自信を持ち、売れてゆくさまを見た。これほどの真実はないではないか。「化けるとは何か？」を考えた場合、観客にその見方を示した例として、すべてのプロスポーツや芸能の事案を入れても特筆すべき件だったと思う。

もう一度考えてみよう。もし誰かが構図を描いたとしても、そこから動き出せるのは本人だけだ。タレントが事務所のプッシュを受けたとしてもファンの心をつかまないとダメなのと同じ。いかに人を魅了するか、予想を超えた自分の物語にしてしまうか。それこそが表現者の器量なのである。

その究極が「新日本離脱」事件だった。長州は仲間と新日本プロレスを離脱し、翌年には全日本プロレスのリングに上がった。こんな想定外、誰が予想しただろう。我々はとんでもない怪物をつくってしまったという感覚を関係者もファンも味わえた。バックステージの様子はたしかに見えない。しかし目の前に見える真実だけでファンは十分じゃないか。

だから『100日後に死ぬワニ』もどんどん大きくなっていくさまを眺めるのが醍醐味だったのだと思う。あんなに多くの人を夢中にさせた事実を味わえばいい。それは長州のツイッターも同じことだ。

実際に長州さんはまたしても進化している。2020年2月の「プロレスリング・マスターズ」興行で猪木のプロレス60周年セレモニーがあった。

猪木がリング中央の席に座り、祝福するゲストが次々に入場する。最後に長州が入ってきて会場は大爆発。驚いたのは引退したはずの長州が、また一段とタレント性を帯びていたことだ。マイクをバッとつかんで「会長！　おめでとうございます！　武藤が会長にビンタで活を入れていただきたいと言ってます！」みたいなことを言う。

昔の長州はただただ怖くてぶっきらぼうで、こんな座持ちの良さはなかった。ツイッターでも話題だしタレント活動も順調だから、風格と時の人感があった。それを私は客席でまざまざと確認した。長州力はまたしても化けたのだ。いったい何度目だ。

ワニも長州も「いかに予想以上にはみ出していくか、ひとり歩きしていくか」という観客の楽しみは続く。

最後に書いておくとワニと長州にはまだ共通点がある。噛みつく人生なのです。丸くなったと言っても、見ててドキドキする。ホントは怖いんだから。

藤波辰爾から考える「天下取りという概念」

藤波辰爾についてあらためて最近よく考える。このあいだはラジオの収録中に考えた。

私はＴＢＳラジオで『東京ポッド許可局』という番組をマキタスポーツ、サンキュータツオの3人でやっているのだが2023年の一発目の放送は元日だった。なので正月企画として「東京ポッド許可局的音楽の日」を行うことにした。今まで番組内で流してきたゴキゲンな曲をかけたのだ。ただ流すだけではもったいないので「山本小鉄歌謡」や「アスリート歌謡」と銘打ってプレゼンした。山本小鉄歌謡とは受け身がとれない危険な曲を指す。かつて小鉄さんが危険な技を見たときに「あ、危ないですよ」と解説席で叫んだように、その曲が流れ出すと「あ、音程が危ないですよ」と言いたくなる歌い手や曲のことである。

この日に流した山本小鉄歌謡は『キミに決定／田原俊彦』であり『新宿純愛物語／仲村トオル・一条寺美奈』であり、『ドリームラッシュ／宮沢りえ』だった。どれも「あ、危ないですよ」と小鉄さんの声が聞こえた。念のために言っておくと歌のヘタさを笑うのが目的ではない。その声のピュアさを愛おしく感じながら聴くことが大事なのだ。そうすると心が平和になる。マキタスポーツは「音程のはじめてのおつかい」と評した。

となると、さらなるインパクトを求めて大トリに登場するのは、やはりというべきか藤波辰爾の『マッチョ・ドラゴン』なのであった。あらゆる媒体でさんざん紹介された曲だが何度聴いてもすごいものはすごい。「相変わらず破壊力が抜群だなぁ」と思いながら、私はふと藤波辰爾のレスラー人生を考えたのである。

今さら言うまでもないが、藤波は相手を光らせる才能を持つレスラーだ。長州力、前田日明も藤波と対戦することで名勝負を生み、プロレスラーとして上がっていった。その一方で藤波を熱心に応援する身としては、常に相手を光らす藤波に「もっと自己本位で自由に暴れてくれてもいいのに」と思う自分もいた。受けの美学が藤波の見どころだとわかっていても、自分中心にインパクトをまき散らす藤波も見たかったのだ。

でも藤波には節度があった。長州との対決を藤原喜明の乱入によってぶち壊されて「こんな会社辞めてやる」と言っても辞めない藤波が切なくて好きだった。しかし気づいたのである。令和の今も続く『マッチョ・ドラゴン』の話題騒然ぶりや、あの曲の破壊力に参る人々を見ると「藤波はここでやりたい放題じゃないか、自由じゃないか」と。

マッチョドラゴンに「変身」したとき、藤波の大暴れはハンセンもブロディも超えた。あの曲がかかると藤波はブレーキが壊れて相手をぶっ飛ばす立場になるのだ。プロレスラーの引き出しとはこんなに幾つもあるものなのか。

藤波の人生は猪木に憧れた時間そのものだった。プロレス界に入り、新日本プロレス旗揚げから続く猪木との関係は半世紀にもなった。

あらためて振り返るといまも藤波辰爾の話題は尽きない。アントニオ猪木が亡くなった日、藤波は猪木の得意技だったコブラツイストで勝利し、試合後に号泣した。

「ひと言では語れない。親よりも長く一緒にできた。幸せです。プロレスの全てが猪木さん。人生そのものでした」と述べた。その様子は多くのファンの心を鷲掴みにしたが、よく考えれば多くのライバルや仲間が引退したいまも、こうしてしっかりとリングに立っているという事実が驚異的だった。

プロレスラーで誰が最強かという話はファンの大好物だが、誰よりも最後までリングに立つのも強さの一つとすれば、藤波は遂に天下を取ったと言えまいか。名著『俺が天下を取る―全日プロへ戦闘宣言』（85年）を出版して40年近く経った後の天下取りである。

さらにそのあと藤波はビッグマッチに臨んだ。２０２２年12月１日にデビュー50周年記念ツアー最終戦（代々木第2体育館）で棚橋弘至と対決したのだ。またしても話題の中心となった藤波。

試合前のセレモニーで集結した仲間たちは、激闘の証として歩くのも大変そうな人も多かった。しかしメンバーの中でもキャリアが上位の藤波は、これから試合を迎えようとしている。その事実にしみじみしてしまった。

これってまるで藤波が愛する徳川家康のような粘り強さではないか。藤波の歴史マニアぶりや城好きは有名だが、中でも徳川家康を敬愛している。2014年に行われた還暦を祝う会では徳川家康のコスプレで登場した。「これからも元気でリングに立てるよう精進したい」と現役続行を宣言したが、あれから9年が経過した。「藤波家康」は今もリングに立っているのである。そういえば2023年のNHK大河ドラマは『どうする家康』だ。

思えば藤波のレスラー人生も「どうする藤波」という場面が多かった。80年代に新日本の人気レスラーが移籍する中、藤波も動くのか？　という噂も度々あったが藤波はいつも猪木の側にいた。当人しか知らない人生の選択がいろいろあったのだろう。紆余曲折だらけだっただろう。でもそうしていまがある。仲間が次々とリングを去る中、藤波はリングに上がる。最後までリングに立っている。やはり、藤波家康の時代なのである。

猪木という故郷　連合赤軍としての新日本プロレス

いまさら気づいてしまった。「あさま山荘事件」と「新日本プロレス旗揚げ」がほぼ同時期だったことに。

2022年に新日本プロレスは創立50周年を迎え、「旗揚げ記念日」大会を3月1日に日本武道館で行った。私はCSテレ朝チャンネル2で観戦したのだが、ふと手元の新聞に目をやると50年前の2月に起きた「あさま山荘事件」の振り返り企画があった。そこで気づいたのだ。新日本プロレス旗揚げと同時期（1972年）に起きた事件だったと。

あさま山荘事件は3人が死亡した事件だ。警察との攻防はテレビで中継され、NHKと民放を合わせた総世帯視聴率は89・7％を記録した。長野生まれの私は当時1歳。母親によると近くの国道をひっきりなしに走るパトカーや救急車にずっと興味を示していたという。

あれから50年が経ち、信濃毎日新聞は地元紙ということもあり「あさま山荘事件　衝撃の記憶」という企画記事を連載していた。第4回がとても興味深かった。元連合赤軍のメンバーが登場していたのである。

現在は愛知県で農業をしている加藤倫教氏は「自分たちの勝手な考えを世の中に押し付けよ

うとしていた」と語る。事件の約2カ月前は群馬県の山中のアジトで「総括」と称した仲間へのリンチに加わった。最初の対象は兄だった。獄中では読書に浸り「革命は大多数の国民のためにやること。革命を自己目的化していた」と自分なりに事件を「総括」した。今度こそ敵味方ではなく誰にでも役に立てる活動をすると考え、出所後に農業を始めた。

《今は生まれ育った故郷を大切にすることが本当の『革命』だと思っている》

人生の長さを感じる記事だった。

その一方で、私は記事中の「総括」という言葉にハッとした。自己批判が足りないと断定されるや仲間からの暴力が待っていたのだ。

映画『実録・連合赤軍 あさま山荘への道程』（若松孝二監督）ではリーダーが総括という名の自己批判をメンバーに求めるシーンがあった。

「なぜ山へ来るのに水筒を忘れたのか⁉ 総括を求める」「なぜ革命のために化粧をしているのか⁉ 総括を求める」

こうなると寛容やユーモアが徹底的に消えてしまう。この映画を見て感じたことは、『教養としてのプロレス』にも書いたが、あの場でオナラをしたとしても、総括を求められたに違いないと思うのだ。笑いごとにならない空間の怖さ。今回の信濃毎日新聞で元メンバーの証言を読んだらまさにそうだった。嫌とは言えない同調圧力や孤立する恐ろしさもあったのだろう。

さてここで考えた。「自分たちの勝手な考えを世の中に押し付けようとしていた」のは50年前だけだろうか？　むしろ現在のほうがひどくなっていないか？　ＳＮＳでは互いの正義と正義がぶつかり合い、罵詈雑言が飛び交う。そこにユーモアや寛容はない。自分たちの「アジト」に閉じこもって先鋭化している。まるで連合赤軍だらけじゃないか。赤軍化するニッポン。

そう思いながら新日本プロレス旗揚げ記念日の中継に目をやると、ＯＢ19人を招いての記念セレモニーが行われていた。長州力や前田日明もいた。そういえば新日本プロレスの歴史とはまさに「正義と正義のぶつかり合い」だった。ただ、こちらの野心と欲望のぶつかり合いは人々を熱狂させた。自分たちの「アジト」に閉じこもるどころか、世の中にプロレスの面白さ　激しさをアピールしたからだ。赤軍化するニッポンならぬ赤軍化したシンニッポンは最高だった。そもそも長州力は革命戦士と呼ばれていたっけ。

あれから時が過ぎ、セレモニーのリングにいるＯＢ達は和やかな顔である。過去にはそれぞれみんな揉めていた人たちなのに。あの頃のプロレスファンはやきもきしたり興奮したり悲しんだり喜んだりした。しかし、レスラー達は時空を超えて微笑んでいる。

「今は生まれ育った故郷を大切にすることが本当の『革命』だと思っている」。元連合赤軍メンバーは長い時間をかけてその境地にたどり着いたというが、私にはその新聞記事と新日本プロレスのセレモニーがシンクロして見えてしまった。

プロレスというジャンルの寛大さをあらためて感じた。この日、闘病中だったアントニオ猪木の来場はなかったが、猪木という「故郷」の途方もない大きさをあらためて感じたのである。

第7章

猪木以降の令和のプロレスを考える

まっすぐに「目標はプロレスラー」と掲げられる時代に

いま私が応援しているレスラーに稲村愛輝選手がいる。プロレスリング・ノア所属の若手レスラーだが、その熱いファイトぶりにはファンの評価も高い。どうやらプロの評価も高いみたいだ。引退前の武藤敬司さんとラジオで対談した際、稲村選手の名前を出したら「うん、彼はいいよ」とポツリと語っていたのが印象的だった。

私はそんな稲村選手が大学生だった頃に知り合った。よく行くバーで彼がアルバイトをしていたのだ。稲村選手は大きな体でバーのカウンターに入りながら「プロレスラーになりたいんです!」と目標を語っていた。すでに学生プロレスでは活躍していてトレーニングも怠らず、意識の高さを感じた。

バーのマスターも昭和からのプロレスファンなので、いつも店内ではプロレスの話が尽きない。先日も「マイティ井上についてどう思うか」という議論で夜が更けた(時空がどうかしている)。ともすればすぐに昭和へ旅立つ店内で、稲村選手の存在は貴重だった。彼の夢を共有するということは、我々にとって、現在のプロレスとの接点を強力に保ってくれていることと同じだったからだ。遂に稲村選手がノアに入団したときは自分の夢がひとつ叶った気分であった。私たちは稲村選手がさらに大きな夢をつかむことを応援するために、相変わらずプロレスから目を離せないのである。

稲村選手のようにプロレスラーになるというのは「健全な夢、目標」となった現代。それもこれも先人たちの努力と奮闘のおかげではないだろうか。というのもCSの番組で『徳光・古舘のプロレス自慢できる話』という番組を見て思ったのである。

プロレス実況アナとしてだけでなくタレントとしても時代を築いた徳光和夫、古舘伊知郎の両氏がプロレスのみについて語り合っている。それだけでも垂涎のトークなのだが、思わず誰かと共有したい論旨もあった。それは「プロレスラーになる、プロレス業界に入る」という意味についてだった。

古舘さんが独特のあの言い回しで次のように語り始めた。

《都合のいい外来語が定着してプロレスはエンターテインメントだとか、ルールありのエンターテインメントとかいろんな言い方をするんだけど》

たしかに自分でも薄々思っていたが「エンタメ」という言葉は便利だ。この一言さえ出せばプロレスに対してネガティブな言説を、簡単にシャットアウトできるからだ。お前、野暮だなぁというニュアンスを含めて。しかしエンタメという言葉が常用されてない時期に「プロレスとは」を語ることはいかに大変であり、だからこそ刺激的で面白かったことを思い出した。世の中に言い負かされないために、自分なりに論理を磨いたことを。プロレスを思う人間は必要以上にいつも考えていたのだった。

さて古舘さんは「エンタメ」という言葉だけではカバーできないプロレスについて、何を言いだしたのか。答えは次にあった。

《草創期を考えるとね、力道山さんは関脇までいって強いのにそれ以上昇進できない。そのうっ憤を晴らすために日本プロレスを立ち上げる。馬場さんも野球選手をやりながら怪我をしてプロレス入りした。猪木さんも新人の頃は馬場さんに負けてばかり。その結果プロレスはキングオブスポーツ、最強というコンセプトのもとストロングスタイルをやっていく。みんなそれぞれがプロレスという鬼っ子というか、なんか市民権を得てないのプロレス？ というところが怒りの発火点というか》

昭和の先人たちのプロレス入りのきっかけは「怒り」「哀しみ」……。この語りの締めとして古舘さんは《プロレスファンはそこが好きだったんですよ絶対》と述べた。

すると、たまらずといった感じで徳光さんが応える。

《オレは野球実況をやりたくてプロレスをやりたくなかったんだけどさ》

有名なエピソードである。長嶋茂雄に憧れた徳光さんは大学も長嶋と同じ立教に進学して日テレ入り。野球実況アナを志望する。ところがプロレス実況に配属された。
《プロレスにまわされてしばらくは嫌で嫌で仕方なかったんだけどさ、レスラーたちのね、日常を見てるとみんなドロップアウト組なんだよね。他のスポーツからの。自分が最初に志したスポーツとは違った世界に入ってきた》
その頃の情景を思い出しながらであろう徳光さんの語りが続く。
《そうするとね、自然と人間てやさしさが出てくるんだよね。レスラーって悪いことする奴もいるけどやさしい人もいるじゃない。心根はとってもやさしいなぁっていう。それは自分たちが歩んできた人生の中で彼らなりに吸収いたしました、ひとつの生き方でもあり考え方でもあるんじゃないかなという》
後半の「彼らなりに吸収いたしました」という徳光節を感じてほしい。自分も挫折した側だと思っていたからこその気づきだったのだろう。
古舘さんが《本当にそう思いますね。自分が悲しみや怒りを抱え込んでいる人って総じてやさしいんですよね。リングを降りたりするとね》と受けた。
先人たちが「怒り」と「哀しみ」をエネルギーにした結果、プロレスの飛躍があった。この世界で光り輝くことで世の中に対しても凄まじい発光をした。痛快ではないか。そしてプロレス界に関わった人たちは徳光さんも古舘さんも含めて、総じてやさしさを感じるのである。なんと繊細で魅力的なジャンルだろう。

偉大な開拓者たちの奮闘のお陰で、令和のプロレスはレスラーもファンも最初から眩しく思うほどのジャンルとなった。稲村選手のようにまっすぐに人生の目標とする若者も増えた。ひとつのジャンルの熟成ぶりを心から噛みしめたいのである。

フワちゃんのプロレスデビューを生んだ「システム」

プロレスの魅力のひとつは、仲間とワイワイ語り合うことでもある。あの試合をどう見たか、次のビッグマッチのカードは？　あの仕掛けはどう思う？　などなど、あーでもないこーでもないと語り合う。その時間が至福なのである。

私は月刊誌『ＫＡＭＩＮＯＧＥ』の中の「プロレス社会学のススメ」というコーナーで斎藤文彦さんと堀江ガンツさんと毎回トークしている。お２人はプロだからプロレス仲間と呼ぶのは失礼だけど、ファン代表の私からすればたまらない時間なのである。皆で話すことで触発され、その場で考えや見立てが浮かんだり進んだりする。そういう瞬間が刺激的で楽しい。

「プロレス社会学～」では「猪木不在時代の始まりと平成プロレスの最終回」というお題もあった。今後の「プロレス」は私たちの知っているものから大きく変わっていきそうな気がするという語り合いから、「フワちゃんプロレスデビュー」の話題になったのである。

22年10月にスターダムのリングで行われたフワちゃんのデビュー戦。それを放送した『行列ができる法律相談所』（日本テレビ系）のスタジオゲストには武藤敬司がいた。そのあと堀江さんは武藤からフワちゃんデビュー試合の寸評を聞いたという。武藤曰く「あれ、女子プロのタイトルマッチと遜色ない試合やってるんだよ」。そのうえで「ということは、フワちゃんの努力や才能もあるけど、そういうことができるシステムができあがってるってことだ」と語ったという。

武藤敬司が培ってきたプロレスラーの技量とは、世界中どこへ行っても誰とでも試合ができるというものだった。けれど「これからのプロレスはフワちゃんみたいに、その演目をいちばん綺麗にやる人がグッドワーカーって言われるような時代になるかもしれねぇな」というのだ。斎藤文彦さんはすかさず「武藤さんの分析が正しい」と述べた。この分析についての語り合いは面白かった。考える悦びをもらった。

皆で語り合ううち、そういえばと私が思い出したのが「スターかくし芸」だった。日本のお正月の定番だったフジテレビの名物番組である。フワちゃんのプロレスはまさに「スターかくし芸」だったのではないか？　そう思えてならなかったのである。フワちゃんのプロレスを「かくし芸」と言うと、ネガティブな評価だと思う方もいるかもしれないが逆だ。フワちゃんが素晴らしかったからである。

あの頃、スターかくし芸は見せどころとして「過程」にも力を入れていた。いかに厳しい稽古をし、ストイックに臨んだかという稽古期間も視聴者に可視化していた。演目の専門家やプロがタレントにつきっきりで指導する日々。どう見ても過酷であった。
迎えた本番ではスタジオもお茶の間も緊迫感がある中で、タレントは見事に成果を見せてくれた。「ああ、今年もマチャアキ（堺正章）はすごいな」とお茶の間が感服したのだ。紛れもない真剣勝負を見せていたのである。けっこうな長い間、日本はそうしてお正月を迎えていた。だからフワちゃんはあの日「スターかくし芸大会」を見せてくれたのだと、私には思えてきたのだ。

マチャアキに演目のプロが指導したように、フワちゃんを支えた専門家はスターダムの選手であった。そしてスターダムのレスラーたちも、テレビのゴールデンタイムで自分達をプレゼンしたのだとも言える。チーム一丸となってプロレスを世の中に見せつけたのだ。

さてその後日、編集者と話をしていたら、フワちゃんの試合の話になった。先述した武藤さんの「システムができあがってる」という分析を言うと、編集者は「その見立てを聞いてつながった話がある」と言う。

その編集者は、昔から飲み屋が林立するある街で、最近、似たような新しい店舗が次々に開店しているのを不思議に思って、飲食業界に詳しいライターにその理由を聞いたという。そうしたら、その新しい店はどこも、同じビール会社が店内デザインやメニュー開発に携わっているからだと教えられたそうだ。

つまり、飲食店にビールを卸すという営業だけでなく、丸ごと運営側に携わる。そこで自分達のビールを出す。これが武藤敬司の「システムができあがってるってことだ」と通じるのではないか？　との感想だった。そう考えていくと、そのシステムは大手だからこそできるのでは？　という視点も浮かぶ。フワちゃんをデビューさせたスターダムもプロレス界の中では勢いがありブシロード傘下で安定した団体だ。だからこうしたプレゼンもできて世間への仕掛けもできるのだろう。頼もしい。

一方で安定のシステムがないものを見るのもプロレスファンは好きだ。大将の腕一本でイチから立ち上げる居酒屋には相変わらず魅力を感じる。クセがあるほどたまらない。応援したいと思う。フワちゃんのデビュー試合が成功したことによってチーム一丸の「システム」の優秀さが披露されたことで「ぎこちなさ、カタさがリアリティを生むようなプロレスはだんだんなくなっていくでしょうね」と斎藤文彦さんは語ったが、そういうプロレスもまだまだ見たいのである。

自分でも贅沢な希望を言っていることはわかる。でもいろんな挑戦が許されるのもプロレスというジャンルの大らかさであり懐の広さだと思うのだ。

フワちゃんの挑戦も見事、無名の新人として孤独から一発を狙う挑戦も見事。さまざまな人間模様を今後もマットに叩きつけてほしい。しかと見たい。そして仲間とワイワイ語り合いたいのである。

棚橋弘至と猪木は表裏一体である

2015年1月、棚橋弘至選手とトークライブを行った。昭和からプロレスを見続けている私にとって、現役のトップ選手がイベントに来てくれるというのは最高の至福。ビッグマッチだった。客層は最近プロレスにハマったという20代の女性から昭和プロレス者の男性まで混然となった。超満員の「おしゃべりのワンダーランド」状態である。

棚橋弘至は新日本プロレスを劇的に変えた選手だ。一時期は「チャラ男」と呼ばれ、どんなに激しいファイトをしても、古参の新日信者からブーイングを受けた。猪木が掲げた「新日本＝ストロングスタイル」には似合わないと判断されたからだ。

この状況から棚橋がどうやってブーイングを声援に変えていったか。「ポジティブ思考の前にすべてを受け入れる」ことにしたのだ。そのときの心境を聞きたかった。

棚橋曰く、一生懸命やっていれば新しいファンには必ず伝わると信じ、そのために日常を犠牲にしてプロモーション活動に励んだという。「プロレス」を知らない人には「棚橋弘至」に興味を持ってもらうことにした。自分で「100年に一人の逸材」と言い続けた。プレゼンの鬼と化した。地道な努力の結果、新日本プロレスは新規観客の獲得に成功し、今の盛況がある。

棚橋には企業からの講演依頼が多いと言うがそれも納得だった。

この変革ぶりをみると思うのだ。アントニオ猪木にいちばん遠い存在と思われた棚橋弘至だが、実はもっとも猪木に近いのではないか？　と。


かつてアントニオ猪木は「ジャングルが危機に瀕しているなら、守るのではなく新しいジャングルを作ればいいじゃねえか」と言った。それでいうと、猪木のジャングルを受け継ごうと努力したレスラーはたくさんいたが、棚橋弘至は遂に新しいジャングルをつくったのだ。「最強」だけでなく「最高」というジャングルを。

棚橋弘至が「猪木と表裏一体説」はこうも説明できる。新日本プロレスを「喜怒哀楽」で例えるなら、猪木は「怒」と「哀」で勝負してきた。残りの「喜」と「楽」を棚橋がやっているのだ。

ここでいう「喜」「楽」とは観客目線。会場に足を運んだファンに来てよかったと思わせて家路に就かせる。いまの時代、ファンは気長に付き合ってくれないという現実もある。一発必中で満足させなければ他のジャンルへ行ってしまう。「喜」「楽」に命をかける棚橋はやっぱりストロングスタイルと言えまいか。

これをトークライブで棚橋選手本人にぶつけたら、少し照れたあと「この喜怒哀楽の話、どこかで使っていいですか?」
やはり棚橋弘至はプレゼンの鬼だった。

それから数カ月後のこと。スポーツ雑誌『Ｎｕｍｂｅｒ』(文藝春秋)が14年ぶりにプロレス特集を出した(２０１５年7月16日発売号)。年明けにたまたま編集長と話していたときに「今年はプロレス特集を出します」と聞いて、何か良いアイディアはないかと尋ねられていた。出すタイミングは7月で『Ｇ１ＣＬＩＭＡＸ』の前。新日本プロレス特集でいくという。そこで提案したのが『Ｎｕｍｂｅｒ』の表紙を決める「新日本プロレス総選挙」だった。ファンに表紙の顔を委ねるのだ。ネット投票の場合、半端なおもしろがりの人が集まってきて本来の企画意図とはズレる結果になってしまう懸念もある。しかしプロレスファンに限ってそれはないと私は確信していた。

世間にプロレスをアピールするためには誰が表紙になったらふさわしいのか? ちゃんと告知すればファンは意気に感じて真面目に投票してくれるという自信があった。熱が結集するはず。そう編集長に伝えた。すると、やはり投票は予想以上に盛り上がったらしい。プロレスファンを信じて良かった。

このときの表紙総選挙。私の裏テーマを言うと、棚橋弘至だった。

この数カ月前に女子プロレスで起こった凄惨な試合を週プロが表紙にしたことに対して、棚橋弘至が批判していた。週プロは「コンビニにも駅にも置かれる『プロレス』と『世間』をつなぐ入口のひとつ。それを自ら塞ぐ愚行」と。そのあと棚橋は週プロの編集長とも対談したのだ。棚橋の意見には賛否があるかもしれないが、これだけ常に「世間」を意識してる棚橋はやっぱり、いまの時代のプロレス界のエースだと思ったのである。

だったら、「あれだけ世間にプロレスがどう見られるか頑張ってる棚橋が、ここで表紙をとれるのか?」。これが私の思いであり、仕掛けであった。もちろんこれは誰にも言ってない。あくまで個人的な見どころだった。

すると、棚橋は見事に投票1位を獲得して表紙を獲得したのである。「Ｎｕｍｂｅｒ＝世間」に顔として打って出た。さすがだ。

そして迎えた『Ｇ１ ＣＬＩＭＡＸ』。優勝戦を観にいくと、棚橋は「ありがとう、ありがとう」と絶叫しているように思えた。激闘がクライマックスになればなるほどに。

中邑真輔との闘いを制した棚橋は、リング上で「プロレスを知ってくれてありがとう、プロレスを好きになってくれてありがとう、会場に来てくれてありがとう」と言った。ああ、やっぱり試合中からありがとうと心で叫んでいたんだ。

この同じ時期、私はラジオ番組のイベントで「ＴＨＥ　ＡＬＦＥＥ」の高見沢俊彦さんにお会いした。ＴＨＥ　ＡＬＦＥＥといえば40年ものあいだ多くの人々に愛されているロックバンドである。

私が聞きたかったのは「昔からのファン」と「最近好きになってくれたファン」との折り合いのつけ方だった。本人たちはどう考えているのだろうか。すると高見沢さんは、「今日来た人が一番えらい」と言った。

ああ……。演者の私たちだけでなく、会場を埋める観客からも一斉に感嘆の声が聞こえるほどの名言だった。「来てくれたからには最高のものをお見せする」という前提があるからこそ言えるのだろう。どこか、棚橋弘至と新日本プロレスがこれまで身を粉にしてやってきたことと通じると思った。昭和から見続けているプロレスファンも、最近プロレスファンになったばかりのファンも、みんな同じ。「今日来た人が一番えらい」のだ。

だから私は、これからもプロレスを見にいく。

第8章

猪木と『流血の魔術 最強の演技』——ミスター高橋概論——

なぜ私は「高橋本」にショックを受けなかったのか

その感動は忘れない。『告白　平成プロレス10大事件　最後の真実』（宝島社・２０１８年）という本を読んでいたときのことだ。平成プロレス史に残る事件について当事者や関係者が振り返る本なのだが、私の目が釘付けになったのは「ミスター高橋」の章だった。

昭和の新日本プロレスのメインレフェリーがなぜ取り上げられているのか。それは高橋氏が２００１年12月に『流血の魔術 最強の演技―すべてのプロレスはショーである』（講談社）を出版したからだ。

《それまで秘密にされ続けてきたプロレスの「仕組み」を初めてオープンにし、プロレス業界、プロレスファンに大きな反響を巻き起こした》（『告白 平成プロレス10大事件』）

具体的にはどんな内容か？

《『流血の魔術　最強の演技』の内容を簡単に説明すると以下のようになる。プロレスはマッチメイカーにより試合前に勝ち負けが決まっていて、高橋氏自身が控室を行き来しながら試合の「アップ・ダウン」を伝えていること。マッチメイカーは「アングル」と呼ばれるストーリーを考え、興行を盛り上げるために試行錯誤していること》（同前）

さらに、続ける。

《レスラーが額から血を流す「ジュース」は、観客から見えないようにカミソリでカットしているという「流血の魔術」についても詳細に書かれている。いままでプロレス業界でタブーとされていたことを明らかにした高橋本はプロレスファンを中心にセンセーショナルに受け止められ、スキャンダラスな話題となって広まっていった》(同前)

世間的にも話題となった通称「高橋本」だが《肝心のプロレスマスコミはこの本をほぼ黙殺。レスラーからも直接の反論は出なかった》。

そして17年後のこの時点で、あらためて本を出した意味について語っている。高橋氏はプロレスは格闘技ではなく優れたエンターテインメントであることを知って欲しかったという旨を話している。そして驚いたのは次のようなことを語っていたのだ。高橋氏は最近、ある本を読んで深く考えさせられたという。それは何かと思ったら。

《プチ鹿島さんが書いた『教養としてのプロレス』(双葉社)を読んで、私が思いもしなかった視点でプロレスを楽しんでいる方がいるんだということに、ハッとしました。プロレスが真剣勝負なのか、フェイクなのかとか、そんなことにはこだわらず、半信半疑で観るのが一番楽しいという主張なんですね》

なんと私の名前が出てきたのである。さらに、こう続く。

《タイムラグがあるので、妄想的な話になりますが、私があの本を書く前に『教養としてのプロレス』を読んでいたら、またこうした考えのプロレスファンと出会っていたら、ああいう内容の本を書いただろうかと、若干ながら気持ちが揺らぎましたね》

高橋氏はここまで語っていたのである。私が冒頭で「感動」と書いたのは、平成プロレス史に残る「事件」を起こした高橋氏にそこまで考えてもらえたのか！　という驚きがあったからだ。いや、最も感動したのは子どもの頃からずっと見てきた人物の目に入ったというプロレスファンとしてのミーハーな気分も大きかった。素直にうれしかった。さらに言えば、その後のプロレス人気にも影響したといわれる高橋本が出る前に『教養としてのプロレス』を書いておけば……という自惚れもあったことも付け加えておく。

ただ、気になる箇所もあった。

《鹿島さんは、プロレスはショーだからこそ楽しいと思っているのだと思います。私の本は読んでいただいているはずだと思いますが、『教養としてのプロレス』のなかに『流血の魔術〜』については一切触れられていなかった。逆にプロレスを半信半疑のスタンスで楽しんでいるファンにとっては、ＷＷＥや私のような白黒ハッキリつけてしまう考えは受け入れ難かったのかもしれません》

という部分だ。まず私が「プロレスはショーだからこそ楽しいと思っている」というのはまったく違う。少年時代から世の中のプロレスに対する冷笑に悩みに悩んで「でも目の前の猪木で判断しよう、自分の心が動いたならそれは『本当』ではないか?」という結論にようやくたどり着いた経緯がある。猪木という存在は「半信半疑」で見るそのときが、最も妖気というか強烈な色気を放っていた。だからこそ悩んで苦しんだ。

そこからこう考えた。「プロレスは真剣勝負だ、それ以外の考えは受け付けない」という純粋な「信」は、頭が硬直化するだけで余裕がない。かといって、「プロレスは八百長さ。でも、それを踏まえて楽しむのだよ」という、妙に達観した「不信」はパサパサして味気がない。そうして「半信半疑」が一番精神的にもバランスがとれ、遊び心がある立ち位置だと気づいた。「半信半疑」は私の座右の銘となった。なので「プロレスはショーだからこそ楽しい」という割り切った考えは、いまもない。

では高橋氏の言う『教養としてのプロレス』のなかで、『流血の魔術~』については一切触れられていなかったという件。このことについて書いていこう。まず高橋本は当然ながら発売後にすぐに読んだ。ショックというより「プロレスはやっぱり凄いな」と思ったのをいまでも覚えている。もし決まり事があったとしても、そこから垣間見えるレスラーの生の感情や生きざまが好きな自分にとっては、あまりショックは感じなかったのだ。

この見方はどうやら間違っていなかったということを最近実感した。2021年に私は『プロレス社会学のススメ』という共著を出した（構成・堀江ガンツ）。対談相手は長年にわたってプロレスを取材してきた斎藤文彦さん（プロレスライター、コラムニスト）である。80〜90年代の活字プロレス世代なら斎藤さんのコラムに感化された方もかなりいるはずだ。

斎藤さんは対談の中で「勝敗がプロデュースされているものであれば、勝っても負けてもいいわけではなく、むしろ勝たなきゃいけないんです」と重くて深い言葉を述べていた。逆説的にプロレスは勝ち負けに凄く重要な意味があるという見立てである。

この意味をもっと具体的に言うとどうなるか？　斎藤さんは『プロレス社会学のススメ』刊行記念トークライブ（2022年1月14日）で伝説的なレスラーのブルーザー・ブロディを例にして次のように語っている。抜粋しよう。

鹿島　僕がこの本に出てくるフミさんの話で「なるほどな」と思ったのは、ブロディが新人時代から信頼していたダラス地区のボスであるフリッツ・フォン・エリックが、他のテリトリーにブロディを出すときに「プロレスはこういうスポーツだからこそ負けるなよ」って、プロレスにおける勝敗の重要性を教えて、実際、ブロディはどこに行ってもなかなか負けなかったっていうことですね。

斎藤　「プロレスにおける勝敗」っていうのは、僕たちにつねに突きつけられているテーマでもあるんです。とくにインターネットが最初から存在している時代からプロレスを見始めた世代のファンは、僕たち「ネット以前」の世代が少年時代にモヤモヤしていた「プロレスの成り立ち」というものに対して、あまりモヤモヤせずにスッと入ってきている。試合の決着、勝ち負けの部分が演出されているものだとするならば、いかようにもプロデュースできるんでしょ、シナリオがあるんでしょ、レスラーはそれを演じているだけでしょ、っていうシンプルな考えに陥りがちなんです。

鹿島　「ブック」とか平気で言いますよね。

斎藤　「ブック」なんてプロレスの隠語ですらない、単なるネットスラングなんですけど。でも、そういう理解の仕方だとすると、レスラーが何を思ってリングに立っているのかということが、すべてスルーされちゃう。レスラーにとって勝ち負けはあまり大切なものじゃないっていう誤った理解に回収されて。でも実際は、プロデュースされているものであるとするならば、むしろ勝ち負けは大切なんです。

鹿島　「だからこそ勝たなきゃいけないんだよ」っていうことをフミさんがこの本のなかでも言ってますけど、ホントにそうだなって。何周もまわってこれはすごい事実ですよね。

斎藤　レスラーは誰しも勝ちたい人ばっかりなんです。「じゃあ、今日は僕が寝ておきますから」っていうレスラーはいないと思いますよ。映画のキャスティングではそれだけの価値がある人でなければ主役になれないのと同じように、プロレスラーのポジションにも競争の原理があって、実力もスキルも人気もすべてきちんと入っていると僕は考えます。ブロディは、エリックに教育されて、そこの部分を大切にしていた。

鹿島　だから「僕は負けません」っていうのは、たとえば格闘家だったり、もっと言うと剣豪の旅の出発だったらいいんですよ。自分の腕前さえあればいいんだから。だけどそれが興行の中のプロレスという世界において「僕は負けません」っていうのは、もっと「違う何か」と闘わなきゃいけないわけですからね。何周もして重たい言葉になるわけですよ。

斎藤　だからこそ、ブロディは没後30年以上経った現在でも僕たちプロレスファンに宿題を突きつけているわけです。「プロレスは試合結果が演出されたエンターテインメント」というロジックだけでは、いまだにブロディというレスラーの本質みたいなものを解読・解明できないし、プロレスという不思議なジャンルを完全には理解できないわけだから。

以上、抜粋を終える。いかがだろうか、心に響いてこないだろうか。もし勝敗がプロデュースされているものであれば「むしろ勝たなきゃいけない」という逆説、見立て。

誰もが勝ちたい。では勝つためには何が必要か？　道場で実力をつけるのも必要だろう。でも実力だけじゃダメだ。お客を呼べる華や動員力が必要だ。でもそれだけじゃまだ足りない。各現場にいる人に認められることや、自身のプレゼン力や交渉力も必要になってくる。自分の実力を認めてくれる人との運命的な出会いもなければならない。実力以外にもいろいろ必要なものがある。フミさんの言う通り、ブックなんて言葉で簡単に勝敗は片づけられるものではない。

さてお気づきになられたであろうか。これらはプロレスラーに限ったことではなく、すべての職業や仕事に通じることを。もっと言えば人生や日々の営みに必要なことである。

そして大切なのは、勝てなかった人は決して敗者ではないということだ。世の中では完璧な勝者のほうが数少ない。一度は何かをあきらめる人のほうが多い。だから最初に抱いた夢や理想が叶わなくても、自分の居場所や役割を見つけて生きていくしかない。周囲もその存在を理解し、尊重してバックアップしていく。そもそもこれが「社会」本来の姿であろう。ではこのシステムはちゃんと機能しているのか？　懸命に生きている人がおろそかにされていないか？　やはりプロレスを考えることは社会を考えることなのである。

なぜ私は自著の中で「高橋本」に言及しなかったのか

ここで話を戻そう。ミスター高橋氏が『教養としてのプロレス』のなかに『流血の魔術〜』については一切触れられていなかったと述べていた件について。

正直に書くと、私はまさしく「半信半疑」だったからだ。あの本を引き合いに出すのはちょっと躊躇したのだ。それは「プロレスの秘密」が暴露されていてマズいからではない。細部に「?」という部分がいくつもあったからだ。それはプロレスファンならすぐに気づく、基本的なものだった。

たとえば猪木がアンドレ・ザ・ジャイアントから初めてギブアップを奪った試合（1986年6月17日・名古屋）について。高橋氏は自分がいかにアンドレを試合前に説得したかというエピソードを書いているのだが、その中にこんな記述がある。

《初勝利に花を添えるために、〝猪木が初めてアンドレを投げる〟というシーンを作りたかったのだ。》

交渉役だったという高橋氏はギブアップ勝ちだけでなく、猪木が初めてボディスラムでアンドレを投げることを提案したという。その提案に猪木は「いやぁ、それは受けないだろうよ、いくらなんだって」と謙虚に否定したと高橋氏は書いている。

ここまで読んで多くのプロレスファンは怪訝に思うだろう。だってこの試合が行われる1986年6月以前に猪木はアンドレをボディスラムで投げているからだ。私でも覚えている事実をレフェリーだった高橋氏がなぜ忘れているのか。

まだある。「海賊男」についての部分だ。《日本で最初に海賊が登場したのは、一九八七年の三月、猪木さんとマサ斎藤さんとの一騎打ちのことだった。》と書いていた。それは違う。海賊男が日本に初登場したのは「1987年3月2日」新日本プロレス草加大会である。

まだまだある。昭和からのファンに伝説的な試合として語られてきた1986年4月29日のアンドレと前田日明の一戦（三重・津市大会）がある。東スポの解説を見てみよう。

《アンドレは前田とプロレスの試合をしようとせず、羽交い締めしたまま全体重をかけて押し潰そうとするなどセメントマッチを仕掛けてきた。前田はアンドレの膝にキックを打ち込みダウンさせ、アンドレが戦意喪失とみなされて26分35秒、無効試合となった。当日はテレビ朝日が録画していたが、試合内容から放送を見送り。それだけに試合のビデオはマニアの間で〝裏ビデオ〟として流通するほど伝説化した。》（東スポWEB・2021年9月12日）

この不穏試合について高橋氏は『流血の魔術〜』で触れている。高橋氏によるとこの試合のきっかけとなったのは「大阪で行われた藤波ｖｓ前田戦だ」と書いていた。前田のキックで藤波は流血して何針も縫うダメージを負ったので、《この一戦をほかのレスラーから聞いたアンドレは、どうも「マエダの野郎、痛い目にあわせてやろう」と思ったようだ。》と高橋氏は書いているのである。

これを読んだ多くのプロレスファンは呆れるだろう。なぜなら「大阪で行われた藤波vs前田戦」は1986年6月12日に行われたからだ。三重での前田アンドレ戦の約1カ月半後である。つまり高橋氏は時系列を完全に間違えているのだ。

もちろん人間だから思い違いもあろう。しかし高橋氏は単に日付の間違いだけではない。猪木アンドレ戦のエピソードでは「いやぁ、それは受けないだろうよ、いくらなんだって」という「猪木との会話」を「暴露」しているではないか。なぜこの会話が「あった」のか？　それとも猪木も高橋氏と一緒にアンドレを投げたことを忘れていたのだろうか。そんなまさか。

1986年の4月と6月に行われた前田アンドレ戦と前田藤波戦に至っては、今も鮮明に日付を記憶しているプロレスファンも多いだろう。それだけ思い出深いからだ。それなのに高橋氏はそこまで有名な試合の時系列をなぜ間違えるのか？　ましてや《この一戦をほかのレスラーから聞いたアンドレは、どうも「マエダの野郎、痛い目にあわせてやろう」と思ったようだ。》と、時空が歪まない限り発生しない言葉をなぜ「聞けた」のか？

つまり『教養としてのプロレス』で私が高橋本に一切触れなかったのは、引用元として不安だったからである。ゴシップライターが書いているならともかく元レフェリーの「証言」だというのに時系列のミスだけでなく、存在しないはずの言葉が掲載されていたから不安だったのである。私が知っている事実に怪しい記述があることで、私が知り得ない他の部分や記述はどこまでが本当なのか？　と思ってしまうのだ。神は細部に宿るのである。

実は『プロレス社会学のススメ』で齋藤文彦さんも高橋本について少し語っていた箇所がある。抜粋しよう。

斎藤　ミスター高橋本をはじめとした暴露本を100パーセント信じちゃうのは、それを読んでいる本人のプロレス観に対する自信のなさの表れでもあると感じます。自分自身で観る側としてのベクトルを上げていって、揺るぎないプロレス観を構築できていない場合、どうしても外からの情報に頼ってしまう。

鹿島　「元レフェリーが言うことだから、これはたしかな情報なんだろう」ってことで全乗りしてしまうんでしょうね。

斎藤　ちょっと違う角度から見てみれば、レフェリーのミスター高橋がレスフーでありプロモーターである猪木さんや坂口さんに対して「今日の試合はこうしろ」って命令できるはずがない。

そういう立場にはないっていうのはわかるはずなんです。（略）なぜ確信犯的かというと、暴露本の具体的な内容について新日本や猪木さんからのクレームがつくはずがないからです。書かれた側は無視します。

鹿島　そこには何か凄い飛躍した部分が含まれているんだけど、前提までが正しければ、もしくは信用できれば、それを飛び越えたものまで人は信用しちゃうってことですよね。

※ここで対談の進行を務める堀江ガンツ氏は「それはまさに陰謀論と同じですよね。デマの間にもっともらしい情報がまぶしてあるという」と述べている。ちなみにこの回の対談テーマは『プロレスから学ぶ「疑わしい情報」の取り扱い方』だった。

斎藤さんはこのあと、こう続けた。

「そもそもミスター高橋が演出したプロレスを、〝アントニオ猪木〟がすんなり演じてくれると思いますか？」

「昭和の新日本プロレスというのは、製作総指揮・監督・主演、すべてアントニオ猪木です。ミスター高橋はかすってもいない。レフェリーは黒子です」

ここで思い出したいのはアントニオ猪木の振る舞いである。猪木は「あのときの真相」的なものは亡くなるまで喋らなかった。文字通り墓場まで持っていった。なぜならアントニオ猪木だからだ。スーパースターだからだ。軽々とペチャクチャ言うはずがない。逆に言えば猪木のことを、誰かが「暴露」しても弁明しない（相手にしない）ということでもある。確信犯的にそんな猪木を利用しようとすればできただろう。

猪木はまるで1人で守秘義務を貫いているようでもあった。清濁併せ呑む昭和のスーパースターたるゆえんでもある。こういう態度は現代に生きる我々にも少しは参考にならないだろうか。ならないだろうなぁ。

高橋本で描き切れなかった猪木のプロレス

ここまで高橋本について思うところを書いてきたが、高橋本がセンセーショナルな話題となってもプロレス界やプロレスマスコミはほぼ沈黙したというくだりは本当のことだ。「くだらない」「論評に当たらない」という意味での無視をする人もいただろうが、一方で書かれてはマズいことも含まれていたから、沈黙した人もいるのだろう。たとえばタイトルにもなっている「流血の魔術」がそうではないか？

私は高橋本にはあり得ない歴史を本当のように書いている部分があるので「私が知り得ない他の部分もどこまで本当なのか？　と思ってしまう」と書いた。実際に試合前の控室の会話などは検証しようがない。しかしある部分については今も検証できる。それが「流血の魔術」の記述だ。

《レスラーが額から血を流す「ジュース」は、観客から見えないようにカミソリでカットしているという「流血の魔術」についても詳細に書かれている。》（『告白 平成プロレス10大事件最後の真実』）

この部分だ。すでに20年前に出された高橋本を知らない方は、この部分にザワザワした人もいるだろう。「ジュース」とは試合で流す血の隠語だという。

高橋氏は猪木のある試合についてこう書く。

《猪木さんはジュースの出し方も抜群に上手かった。シンのコブラクローで猪木さんが喉から出血したことがある。蔵前国技館での試合だった。シンの手を自分の喉元からふりほどくようなふりをして、自分で持っていたカミソリで喉を切った。後でテレビの録画を見たら、まさにシンの指が喉に刺さっているように見えた。リング内で見ているより迫力があった。ああやって、何ていうことのない技を最大限に迫力あるものに見せかけて、タイガー・ジェット・シンという選手の商品価値を高めていったのだ。自分の身を切り裂いてまで、徹底的に相手の凄みを引き出していく猪木さんの執念と上手さは、見ていて身震いするほどのものだった。これがあの人の言う格闘芸術だとすれば、それは納得がいく。》（『流血の魔術〜』）

タイガー・ジェット・シンとは、猪木と血みどろの闘いを繰り広げた「インドの狂虎」である。得意技は相手の喉をつかんで頸動脈を締めあげるコブラクロー。この技のエピソードを高橋氏は話しているのだが、猪木がカミソリで自分の喉を切る？　そこまでして相手の凄みを引き出すだろうか？

あらためて猪木シン戦の映像を見てみた。すると、そのシーンはあったのである。1975年6月26日蔵前国技館での試合だった。60分3本勝負の2本目、シンが左腕で猪木の首を抱えて（ヘッドロック）、寝技に持ち込んだ。テレビカメラはシンに組み伏せられた猪木の頭部のみを映す。猪木は下で組み合ったまま体を動かそうとするがなかなかできない。つまり猪木の顔は見えない。その攻防から両者がやや膝立ちになる。シンの右手は猪木の喉を掴んでいる（コブラクロー）。

そのときテレビカメラに映された猪木の首からは血が出ていた。映像を注意深く見ていてハッとしたのは、シンのヘッドロックを解き放とうとする猪木の右手は一瞬、シンのタイツの後ろに「何か」を戻したような動きをしていたのだ。恐らく、小さなカミソリの刃だろう。そうして両者は再び離れ、猪木の流血に観客は気づく。普通に見ていればわからないが、意識して繰り返して見るとあの一瞬の動きは決定的に思える。

ミスター高橋氏は柳澤健氏が書いた『１９７６年のアントニオ猪木』では次のように言っている。

《プロレスの流血は普通額を切るものです。額を切るのはそう怖くない。皮膚の下には固い頭蓋骨しかないからです。でも、ノドを切るなんて、この時以外に聞いたことがない。頸動脈でも切ってごらんなさい。下手したら命取りですよ。相手を引き立たせるために、そこまで自分が犠牲になってしまう。それだけ努力して自分の宿敵を作り上げていく。》

ここまでの「流血」のくだりを読んでさすがに引いたという読者の方もいるかもしれない。そんなのインチキだよと。私にとっても衝撃的なシーンであった。

しかし、考えてみれば猪木とシンはフェイクを超えたドキュメントな関係であった。唯一無二の関係といっていい。新日本プロレス旗揚げ直後の苦労エピソードは今も語り継がれる。有名外国人レスラーを招くパイプがなく、ほぼ無名の外国人選手を相手に興行をするしかなかったアントニオ猪木。これではお客が来ない。そんなある日、猪木はカナダの無名レスラーだったタイガー・ジェット・シンの才能に気づく。猪木は自伝で、こう語る。

《ジェット・シンはもともとオーソドックスなレスリングをする正統派の選手だった。だが、彼が持っていた狂気を私が引き出していくと、彼は凶暴な悪役に変貌を遂げた。ジェット・シンが狂うほどに、観客は熱狂した。私とジェット・シンの試合は話題を呼び、怖いもの見たさで観客が詰めかけるようになった。私も彼もどんどんエスカレートして行った。》

猪木はシンとの試合でよほど手ごたえを感じたのだろう、自伝ではこういう例えもしている。

《誤解を恐れずに言えば、プロレスはセックスに非常によく似ている。体を通して互いに刺激し合い、相手の反応を見ながら次の手を打つ。相手もまた様々な技術で応酬してくる。いい相手とセックスすれば自分も高まり、素晴らしい快楽と解放感を得ることが出来る。プロレスの場合、それを支える観客の視線も必要条件になる。私にとって、ジェット・シンはいいセックスが出来る相手のようなものだった。闘うほどにテンションが上がり、快感が増して行くような感じで……私も燃えたのである。セックスかどうかわからないが、格闘技では身体に残った感覚は消えない。闘って「こいつは凄い」と感じたことは絶対なのである。》

シンと闘うことによって猪木もまた目覚めていったようなのだ。その頃考えていたのは真剣勝負に芸術性を持たせるにはどうしたらいいかというテーマだったという。

《しかしいくら真剣勝負といっても、殺し合いを見せるわけにはいかない。力道山の空手チョップが日本人の無意識の中にある「怒り」の表現だったように、殺伐とした闘いの中でも、今の時代の観客を感動させることが出来る筈だ…。タイガー・ジェット・シンとの試合を通じ、アントニオ猪木のプロレスが完成に近づいていく実感があった。》(『アントニオ猪木自伝』)

猪木は師匠力道山のプロレスを「喧嘩」「怨念のプロレス」と評している。プロレスとは強ければいいだけのものではなく、観客を感動させて帰らせなければプロとは言えないと。出自で差別されて苦しんだ力道山の怨念が空手チョップという形で爆発したとき、《それを見ていた観客は誰しも心が動いたと思う。》と猪木は振り返る。そうした力道山の怨念を爆発させるファイティング・スピリッツは自分が受け継いだと語っている。

しかし面白いではないか。正統派のテクニックを持つ猪木とシンが、感情をぶつけ合うことで観客により響くスタイルを見つけたのだ。技は少なくけんかそのままのようなシンプルな展開。これで観客を興奮させたことにより興行も軌道に乗った。猪木はシンとの闘いをセックスに例えたが、盛り上がりすぎて「カミソリを仕込んで自分で切る」までいってしまったのである。まかり間違えば頸動脈を切ってしまうリスクを冒しながら。

柳澤健は猪木シン戦を次のように描写した。

《ふたりはリングの内外で転げ回り、鉄柱にぶつけ合って大乱闘を演じた。サーベルや椅子、メリケンサック、記者席に設置された電話機で殴り合い、シンは猪木の股間を蹴り、電話コードで首を絞め、果ては火炎の塊を猪木の顔面に向かって投げつけた。》『1976年のアントニオ猪木』

この部分、私は激しいラブシーンの描写にしか思えなかったのである。

《いいだろう。やりたいようにさせてやる。これが望みか。こうすれば気が済むのか。お前はこれで終わりなのか。もう終わりにしたいのか。猪木が演出するエロティックなプロレスを、食い入るように見ていた観客は、猪木の痛みを自らの痛みと感じ始め、やがて猪木の一挙手一投足に反応するようになる。》(同前)

猪木プロレスとは何か。エロティックなプロレスなのか、単なるショーなのかそれともストロングスタイルなのか。少なくない大人のように猪木やプロレスなんてくだらないと吐き捨ててそれで終わりでよいのか。少年時代の私は常にそんな問いに襲われた。私は猪木をどう見るかにおいて悩みに悩んで、先述したように「でも目の前の猪木で判断しよう、自分の心が動いたならそれは『本当』ではないか?」という結論にたどり着いた。

私の「半信半疑」の前には、猪木ｖｓシン戦のような踏み絵が連続した。「流血」でいえば、85年に行われた猪木ｖｓブルーザー・ブロディ戦ではブロディが自分の膝を小さなカミソリでカットして流血させていたと雑誌『噂の真相』に写真付きで糾弾されたことがある。中学生の私は本屋でがく然としながらページをめくっていた。

さぁどうする、今度こそお前は猪木に決別するのか? 猪木ファンとして何度もそういう逡巡のときはあった。

しかし世間的な価値からすればくだらないだろうが、それでも猪木に心が動いている自分がいた。その感情を揺らされる試合に。妖しさやらおびただしい魅力に。やっぱりもう少しだけ猪木を見てみようと思ったらここまで来てしまったのである。

猪木とは何か? そんな答えなど簡単に出ない。そういうお題だということだけがわかった。でもそれに費やした時間は悪くなかったと思っている。猪木からでしか学べなかったこともある、はずなのである。

第9章

猪木と東京スポーツ

東スポと週プロ　彼らは何を報じてきたか

私の持論に「世の中が乱れると、東京スポーツと朝日新聞の見出しが同じになる」というのがある。新聞はキャラが違うから面白いのに、一般紙も東スポも一面の見出しが同じになったらいよいよ深刻なのだ。

個人的にこれまで最も印象に残っているのは、1995年3月20日のオウム真理教による地下鉄サリン事件からの一連の報道だった。

オウムは自分たちの組織に「外務省」とか「大蔵省」などと省庁の名前を付けていた。子どもじみていた。しかし、ひとたび凶悪なテロ事件を起こすと『オウム科学技術省がサリン製造か』という見出しが朝日や読売にも掲載されたのだ。衝撃だった。事件を起こしたことで、まぬけに思えたネーミングもふつうに報じられ始めた。すでに東スポがおどろおどろしく書いていたものが一般紙も同じように報じざるを得なくなってしまった。ただただ深刻さを感じたのである。

逆のことも言える。一般紙では深刻な見出しが続くときでも、東スポが全然違うネタを報じているときはまだ安心と思える。一種の自由さのバロメーターなのだ。

たとえばロシア・ウクライナ報道を振り返ろう。2022年2月末にプーチンがウクライナ侵攻をすると、一般紙だけでなくタブロイド紙(日刊ゲンダイや夕刊フジ)も騒然となった。キオスクでの広告を紹介する。

2月24日は、

『ウクライナ非常事態宣言　首都攻撃も』(夕刊フジ)

『緊迫　バイデンお手上げ　勝算高笑い』(日刊ゲンダイ)

どちらもプーチンの顔写真を大きく載せている。緊迫している様子がわかる。一方、東スポは『森咲智美　魅惑のメンズエステ』だった。まだ大丈夫だ。

2月28日は、

『核兵器準備も指示　失脚焦り』(夕刊フジ)

『誤算続々　ウクライナ攻略　激怒』(日刊ゲンダイ)

では東スポはといえば、

『宇宙人カラオケ大会』

まだ大丈夫だ。東スポの日常は変わらない。ちなみに宇宙人カラオケ大会とは配信番組のことで《オリオン星人、アンドロメダ星人、レプティリアン、シリウス星人など、多種多様な宇宙人が登場し、ステージ場で地球のヒット曲を熱唱したのだった》という。スケールの大きさに和む。
潮目が変わったきたのは3月になってから。まず3月9日の一般紙を確認してみる。
『ロシア 国境の全軍投入』（朝日新聞）
『露、再び「人道回廊」宣言』（読売新聞）
『人道回廊開設 避難始まる　仏独中首脳は会談』（毎日新聞）
深刻な記事で埋められている。この日のタブロイド紙はそんな気分を拡大し、
『プーチン逆上　皆殺し危機』（夕刊フジ）
『ロシア発　金融パニック』（日刊ゲンダイ）
と煽る。そして東スポは、
『プーチンの核ボタン強奪へ』
東スポもプーチンを一面に持って来た。ここから一気に変わった。翌日は、
『プーチン愛人とぎっくり腰』（3月10日）
プーチンネタでもどこかまだ可笑しい。説明するとこの頃はプーチン大統領の精神面の変化についての報道が、世界で相次いでいた。そんななか東スポは「ぎっくり腰が原因か!?」ときたのだ。「ハンググライダーに乗ったときに腰をやった」「元体操選手の若い愛人とハッスルしすぎたのもあるかもしれません」という軍事ジャーナリストのコメントをもとに「痛み止めを

乱用レベルまで使いすぎると、依存症など精神に影響をきたすこともある」という見立ての東スポ。

東スポのような夕刊紙は朝刊と切り口が同じだと誰も話題にしてくれない。だから「プーチンの精神面の変化」というお題がトレンドになると東スポは『愛人とぎっくり腰が原因』と勝負してきたのである。これもまた新聞のつくり方、読み方である。

そのあとは『プーチン暗殺へ　スナイパー潜入か』（3月11日）、『プーチン　4・3生死Xデー』（3月14日）とおどろおどろしい路線へ。そして3月17日の一面に注目。

『プーチン　ロケットで木星に飛ばせ』

てっきり東スポが例によって飛ばしてるのかと思いきや、ネタ元はウクライナ副首相のツイートだった。ユーモアと毒をまぜた寄付呼びかけ作戦を拡大させていると伝える。こうなってくると現実と東スポ的世界が渾然一体となりだしていることがわかる。

いかがだろうか、東スポの紙面を見ているだけで世の中の空気の変化もわかるのだ。

そんな東スポはそもそもどんな新聞だったのか？

昭和の頃はひたすらプロレスを推し、共に時代を歩んできたと言っていいのが東スポだ。創刊されたのは１９６０年（昭和35年）で力道山が亡くなる3年前。特筆すべきは東スポはプロレスを大きく報じ続けた結果、プロレス界では権威となったことだ。

名物記者はそれぞれプロレス中継の解説者となっていた。山田隆氏は全日本、櫻井康雄氏は新日本、門馬忠雄氏は国際プロレスというように。東スポから解説者が派遣されるのは団体側にもメリットがある。紙面で報じてくれるし、今後の興行の良きアドバイザーにもなってくれる。さらに東スポは各団体の試合結果をきちんと載せることで、プロレス界の公文書という役割も果たした。

次第にプロレス界における公的報道機関のような存在になった東スポは、プロレス団体が発表する情報は事前に団体側から提供されるようになった。団体側からすれば大きく報じてくれたら宣伝になるからである。逆に言えばこの状態は、他のメディア（プロレス月刊誌や週刊誌）からすれば随分と悔しかったはずだ。

私はプロレスは社会を反映する鏡のようなものと思っているが、昭和からのプロレスメディアの話は、現在の一般メディア論にも通じる。

たとえば首相会見である。あれは内閣記者会（いわゆる記者クラブ）主催の会見なので大手紙は常に参加できるが、フリーの記者は参加できてもなかなか質問が当たらないなど、いまでも問題視される。さらにこの状態が極端になると、マスコミは政府の「広報」となって「論評」は二の次になってしまうという懸念もある。

ここで私は声を大にして言いたいのだが、昭和から平成にかけてのプロレス界ではすでにこの問題は露見されていた。ひとり記者クラブと言っていいほど情報が集中する東スポに対して、たとえば週刊プロレスのターザン山本編集長は抗戦していた。ターザンは「プロレスとは想像力」「行間を読め」という〝思想〟を読者に徹底して洗脳し、いつしか試合以上に週プロの記事が楽しみだという「活字プロレス」ファンを生んだ。

ターザンは徹底的に論評をすることで読者の支持を得たが、次第に団体側からすれば疎ましい存在となっていった。

そんな歴史を考えながら、現在あらためて考えさせられるのが「評論の不在」である。第2章で取り上げたが『映画を早送りで観る人たち』では映画の評論本が売れないことも指摘されていた。その代わりにファンブックはよく売れるという。理由としては論評を「批判」と捉えて嫌がるようなフシがあり、欲しいのは情報だけで批評や論評はいらず、結局マスコミには「いい話」ばかり求められている空気があるのでは？　という話も身近で聞く。

重要な問いかけである。論評がいらないとすればプレイヤーからすれば御の字だろう。ある論評に対して当事者がＳＮＳで「それは自分の意図とは違う」と言えば、ファンはそれがすべて正しいと思ってしまう。もちろんまったくの見当違いや基礎認識不足での適当な意見には当事者が応答するのは当然だ。延長線上にはデマや誹謗中傷の問題にもつながるからである。ただ、観客（部外者やアウトサイダー）が真摯にワイワイと語り合えるのはジャンルを健全で豊かにするはず。だから「論評」は必要なはずだし、それは「批判」ではないはずだ。

この点、時代は違うが猪木はどう対処していただろう？　定義づけは他人がしてくれるとばかりに気にしていないようでもあったが、一方で村松友視ら文化人に「猪木論」を率先して語らせて、自身の人気に追い風を吹かせていた巧さもあった。もしSNS全盛時に現役バリバリの猪木がいたらどうしていたか？　興味深い歴史のイフである。

そう考えると猪木はSNSと抜群に親和性が高かった可能性もある。馬場への挑戦表明、格闘技戦のぶち上げ、テレビや興行の盛り上げ、そして世間への怒り。全盛時の猪木の仕掛けはある意味「元祖炎上商法」とも呼べた。

単なる無責任な炎上商法と異なるのは猪木は自分の実力に自信を持っていたことだ。SNSがなかった時代にSNS的な大暴れをしていた若き日の猪木は、こちらのセンスも早かったと言えるだろう。

猪木が仕掛けた元祖炎上商法

猪木絡みの「事件」として今も語られるのが「新宿伊勢丹襲撃事件」である。1973年11月5日、新宿の伊勢丹百貨店前で、猪木がタイガー・ジェット・シンらに襲われたのだ。当時の妻だった倍賞美津子さんとの買い物中に襲われた猪木はガードレールに額を打ち付けられて5針を縫う大けがを負った。プライベートもリングも関係ないシンの凶行である。シンはこの事件で一気に知名度をあげた。

ベテランのプロレス記者である門馬忠雄氏はこの事件を振り返っている(東京中日スポーツ2022年12月22日)。

《わたしにはいまだにこの事件に不可解さが残る。新宿は新日本に来た外国人選手が定宿にしていたホテルがあり、確かに伊勢丹百貨店は近い。だが、試合のない休日、猪木さんの買い物時間をシンが把握し、そこに現れるのは、何とも不自然だ。そして、猪木さんは重傷を負いながらも、「この決着はリングの上で」として、告訴しなかった。こうなるし、この事件は猪木さんとシンの抗争に注目度を増すための…と勘繰られても仕方がない。》

実際、この事件後にテレビの視聴率は15%台から一気に20%台に跳ね上がった。サーベルをくわえて暴れるシンは一躍トップ選手になり、新日本プロレスの人気は軌道に乗った。
《シンは日本に来る前にシンガポールなどを回っていて、当時はナイフを口にくわえていた。その写真を見た猪木さんが、「これじゃダメだ。もっと見栄えのするものを」と言ったらしい。この事件は今なお、さまざまな臆測を呼んでいるが、猪木さんは結局、核心に触れないままだった。》(門馬忠雄)

こうも言えまいか。ほぼ無名のシンを売り出したのは猪木だが、もともと実力者だったシンは、自分の良さを引き出してくれる相手に出会えたことで自分の力で一気に化けたのだ。いくら「事務所」に推されても世間の「支持」がついてこなければ売れないものは売れない。その点、シンは日本でチャンスをものにしたのだ。

劇的だったシンの成長は「真実」である。その点は間違いない。新宿伊勢丹襲撃事件の真相はわからないが、結果的に猪木の見事な炎上商法だったとも言える。

この事件は今もよく東スポネタとしても語られる。「東スポが事件の現場にいた!」というネタである。これには今まで書いてきた東スポのキャラが詰め込まれている。プロレスにとっての世間への広報紙として、情報が事前提供されるという東スポの「権威」として、もしくはUFOもネッシーも激写してしまう東スポの「取材力の偉大さ」として。「東スポがその場にいた！」というのは読者が愛してやまない東スポムーブなのである。

だから新宿伊勢丹襲撃事件の際も東スポがその場にいた！ という話は私も長らく楽しんでいたし、自分でも酒場などで盛り上がっていた。みんな大好きな話なのである。

しかし、ふと、この本を書くにあたって思った。「本当にそうだったのか？」と。実際にあの日の東スポは現場にいたのかと。これも一つの読み比べである。私は国会図書館へ向かった。

まず私は自分が覚えている「東スポがその場にいた」案件を確認してみた。それは94年の秋頃。たしか蝶野正洋とストロングマシンがタッグリーグ戦でコンビを組むにあたり「密会していた」という東スポの記事を覚えていたからである。

94年の東スポを探してみると……あった！

『本紙が決定的瞬間を撮った‼蝶野　マシンと合体か』（1994年10月6日付）

これだ！ 当時SGタッグリーグ開幕前で蝶野のパートナーが注目されていた時期で、蝶野が「孤独特訓にマシンと路上で密談」していた様子を、東スポはハッキリと撮影していたのである。運転席で素顔でサングラス姿のマシンに蝶野は外から何やら話しかけている。写真には「本紙が激写した」という説明があった。どう考えてもこの「取材力」は凄い。

というか、人間の記憶力とは凄いものだ。私が東スポをいかに読み込んでいたかわかる。それだけ「東スポがその場にいた！」というのが忘れられない案件だったのだ。

では１９７３年11月5日の新宿伊勢丹襲撃事件を東スポはどう伝えていたのか？　いよいよ確認である。現場にいたのか？　調べてみると……あった！

6日発行の「7日付」の一面だ。

『宵の新宿で猛虎シンと乱闘事件　「俺は被害者」負傷猪木怒る　決着は必ずリングで……』

東スポは自宅で包帯を額に巻いた猪木にインタビューしていた。「深夜、自宅へ戻った猪木に直撃インタビュー」とある。これはA版の見出しだがC版（最終版）の見出しはこうだ。

『猪木「新宿乱闘事件」の真相語る　猛虎シンら3外人、街頭で殴りかかる』

写真とインタビュー内容はA版とほぼ同じだった。つまり……新宿伊勢丹襲撃事件の現場に東スポはいなかったのだ。事件を知った東スポは深夜に猪木に直撃していたのだ。猪木は記者に、こう答えている。

《関係のない人にケガさせていけないと思って、最初は手出しをしなかったんだ》

《なんだかんだといったって、これは内輪の喧嘩だし、それを街頭でやってしまったのは醜態でした》

《内輪の喧嘩ということはリングの延長ですよ。シンは場所、相手のみさかいがないんだ》

《このまま帰られてたまるもんですか。きょうの決着はハッキリとリング上でつけますよ》

シンは場所、相手のみさかいがないことが「わかってしまった」観客や視聴者は、シンへの恐怖を一層抱いた。だから、観客は燃えたのであろう。

東スポは現場にいなかった。それによって、リアリティを守ったのである。

エイプリルフールに生まれた東スポ

東スポは2020年4月1日に創刊60周年を迎えた。エイプリルフールに誕生した新聞、というウソみたいな話だ。生まれたときからゴキゲンだったことがわかる。60周年を迎えた紙面では「各界から祝福メッセージ」が寄せられた。

私は東スポを中学生の頃から読んできた。大学時代は途方もない田舎に住んでいたので、原付バイクで毎日往復40分かけて駅まで買いに行っていた。東スポをすんなり買うために都会へ出てバイトを始めたくらいだ。ありがたいことに私が東スポをずっと読んできたことは先方にも伝わっていたようで、私の東スポ論を2日にわたって記事にしてくれた。

『〝新聞読み比べのプロ〟としてメディアに引っ張りだこの時事芸人・プチ鹿島による60周年企画』と銘打たれたインタビューをまとめてみた。

東スポがやってきたのは「一人SNS」だったんだと、最近気づきました。誰もが発信して誰もが突っ込める時代になって、世の中に対して面白ツイートをする人がたくさんいますけど、東スポは平成以降、それを30年以上やってきたんですよね。

ただ、ツイートでもそうですが、単なる悪ふざけだと批判されるじゃないですか。その点、東スポは演芸偏差値が高いから許されるし、愛される。例えば、高田文夫先生は「フセインインキン大作戦」という見出しに関して「韻を踏んでいる」とおっしゃった。演芸の素地がある、笑いをわかってる、と。

あと、「マドンナ痔だった?」「プレスリー生きていた」とか、平成初期の1面って海外の香りがありましたよね。今みたいにネットがない時代、ネッシーや宇宙人、雪男もそうで、「外国のまだ見ぬもの」が読者の心をつかんだんだと思います。未知なる外国人レスラーと似ていますよね。

そんな「ファンタジックな未知」から「ガチでシリアスな未知」にファイティングスタイルを変えつつあるのが最近の東スポ。前者は宇宙人とかUFOとかネッシーですね。その手の面白系の1面が増えた湾岸戦争の頃、僕は、原付で片道20分かけて東スポを買いに行くほどの読者で、大学の下宿に住んでたんですが、「ネッシー生け捕り」が見出しになった1面をゴミに出したら、翌日、ヒモがほどかれてて、誰かに持っていかれてました(笑)。

そんなファンタジー系ではなく、芸能人の薬物疑惑をイニシャルと影絵(シルエット)で報じるリアルな予言が最近増えてきたわけですが、実は一貫しているのは「1面で引きつけておいて中でシビアに読ませる」ってことです。これは東スポを30年以上読んできた人間として声を大にして言いたい。「ソースは東スポ（笑）」なんてバカにしている人に限って、中をきちんと読んでいないんです。

芸能人の疑惑をイニシャルと影絵で報じるパターンは、ファンタジーではなくリアルなニュースを予言している。今で言う「ニオわせ」でもあるんですけど、後からクイズの答えが分かるわけです。

ファンとしてはファンタジックな未知をもっと読みたいんですが、世の中が変わってきたので仕方ないですよね。今はシャレが利かない、半信半疑やドロー決着が許されない時代ですから。そういう状況で東スポは上手にシフトしましたし、その中で報じるゴシップというのには僕は価値があると思うんです。いまはネット上にフェイクニュースやデマがたくさん転がっている。そういうものと、東スポというフィルターをくぐったゴシップは別なんですよ。業界のことを知り尽くしたゴシップのプロが通したんですから、安心して楽しめるんです。

そんな味わい方を「無駄だ」という、必要なものしか欲しがらない世の中って、本当につまらなくなってる、大事なものを見失ってる可能性がありませんか？ そういう中で、暗いニュースが多い今の時代こそ、ちょっとホッとさせてくれる東スポの成分がもっともっと必要だと思います。

以上が、私のコメントだ。

虚実ない交ぜのプロレスを、エイプリルフールにうまれた東スポが報じるのは、必然だったのかもしれない。60余年が立ち、笑いなきフェイクニュース溢れるこの世になったからこそ、やはり東スポは必要だ。

櫻井康雄論 ──「プロレスが生き残るということは、要するに東スポも生き残るということ」

昭和プロレスを語るうえで欠かせない存在が櫻井康雄さんである。元・東スポ記者でありプロレスとともに生きた偉大な存在だった。2017年に旅立った。

我々の世代だと『ワールドプロレスリング』の解説としてもおなじみ。実況の古舘伊知郎アナが「闘いのワンダーランド、ここ蔵前国技館からお送りします。解説は山本小鉄さん、東京スポーツの櫻井康雄さんです！」と叫ぶと、館内の熱気の中、櫻井さんの声が聞こえてきた。

櫻井さんの何がいいって、専門家なのに試合を観る態度は視聴者と同じ視線のようにみえたことだ。ビッグマッチで思いもかけない展開になると櫻井さんの「ああ……」という、感嘆というかうめき声が決まって炸裂した。これが楽しみだった。「あんなにエラい記者の人が言葉を失うのだからプロレスはやっぱりすごいんだ」と深い自信を持てたのである。

その一方でアントニオ猪木のことを時折「猪木クンはねぇ」とクン付けで呼ぶことがあった。櫻井さんが解説席にいる限り、猪木は大丈夫だという妙な安心感を抱けた。そういえばブルーザー・ブロディのことを「ぶろでー」と呼んだ櫻井さん。お茶の間で気さくなおじさんと一緒にプロレスを見ている心地よさがあった。金曜夜8時はいつだって最高だったのである。

そんな、大好きだった櫻井康雄さんにお会いできることになった。2011年のことである。ムック本で櫻井さんにインタビューする企画があり、光栄にも私が話を聞く立場に選ばれた。ご自宅で取材をうけてくださるというので編集者とワクワクしながら指定された駅に降り立った。電話すると案内がなんともすごかった。

「ええとね、適当にタクシーに乗ってください。〝プロレスの櫻井の家〟と言えばわかります」

閑散とした街ではなく大きな街である。果たしてそんな大まかな指示でわかるのだろうか。編集者と私は半信半疑に思いながらタクシーに乗って「プロレスの櫻井さんの家」と告げた。すると「あー、櫻井さんの家ね。わかりました」と本当に運転手さんは了解したのであった。驚いた私は「櫻井さんの家ってこの街ではそんなに有名なんですか?」と運転手さんに尋ねると「そりゃ、プロレスの放送に出てたからねぇ。あの頃は金曜の夜にやってたでしょ。プロレスが華やかだった頃だし、櫻井さんもよくタクシー使ってたから運転手のあいだでも有名だし。あの方の家に行く人も多かったからね」

ゴールデンタイムの威力を今さら知って車内で感動する編集者と私。そうこうしているうちにお宅に着いた。まさしく「櫻井邸」という呼称がふさわしい立派なご自宅だった。たしかにこれならタクシーの運転手さんも一度来れば覚えるはずだ。

私たちが櫻井さんを尋ねたのは「異名」について語ってもらうためだった。ムック本のタイトルは「スポーツ選手 この異名がすごい！」。プロアマ問わず異名を持つ人物を取りあげるという企画だ。「鉄人」「帝王」「鬼」「怪物」。異名の同義語としてはニックネームやあだ名、通り名などあるが、あくまで「異名」という言葉の持つ独特の迫力や妖しさ、力強さに注目した企画だった。そうなるとプロレスというジャンルは必須である。プロレス記者として数々の異名を生み出してきた櫻井さんにお話を聞かねばならない。

櫻井さんは「燃える闘魂」「黒い呪術師」「不沈艦」などレスラーに名付けた異名や、「延髄斬り」「アックスボンバー」などの技の命名もしている。まず最初の命名はカール・ゴッチの「原爆固め」だったという。経緯を聞くと日本で初めてジャーマンスープレックスホールドを公開した吉村道明戦のことをすらすらと話してくださった。

「昭和36年くらいまではプロレス専門記者っていなかったんですよ。各社の相撲担当、ボクシング担当記者が多くて。だからバックドロップをそのままブリッジしちゃったなんて、そういう技を見てもよくわからないわけです。僕は新人だったので控室にすっ飛んでいってゴッチに聞きに行く役目でした。記者席に戻って先輩方に『あれはジャーマンスープレックスというらしいです』と伝えたら、『バカ野郎！　日本語で言え！』って怒鳴られたんです」

そこでとっさに出たのが「原爆固め」だったという。なんでまたそんなフレーズが？

「かつて、プロ野球に松竹ロビンスの『水爆打線』っていうのがあって。水爆とか原爆とかそういう言葉は〝凄まじい〟とか〝すごい〟というイメージを表現していたんですね。それでとっさに『原爆固め』と出ちゃったと思いますね。だからなぜジャーマンが原爆なんだって言われても答えようがない。考えたら普通出ないでしょ」

「原爆」「水爆」を日常の表現の場で使っていたのが、プロレスの「日常」だ。

そのあともプロレスやプロレスラーに関する異名はほぼ櫻井さんが生み出したと言ってもよかった。櫻井さん風のプロレス記事の書き方はハードボイルドミステリーの翻訳調に影響を受けたという。「今までのいわゆる相撲の記事の書き方じゃなくて、カタカナ言葉をどんどん取り入れたり体言止めを使ったハードボイルドタッチがプロレスの記事に一番合うと思った」。

こうしてプロレスと一緒に櫻井さんは年月を過ごした。次の言葉が忘れられない。

「プロレスが生き残るということは、要するに東スポも生き残るということ。社会現象にしなきゃダメ」という決意をもって仕事をしていたというのだ。あの大宅壮一から「将来、活字メディアで残るのは日本経済新聞みたいなクオリティペーパーとお前のところみたいなイエローペーパーが残るぞ」と言われ、「よし、じゃあイエローペーパーのトップになろうじゃないか！」と心に決めたという。東スポ魂ここにありである。

イエローペーパーというのは下世話なネタばかり報じる新聞のことだが、ここでいう意味はプロレスや東スポが下品でいい加減なものという意味だけではない。櫻井さん曰く「とにかく人間が一番知りたいこと、感じたいこと、それをドンドン作ればいいということです。プロレスはやっぱりそういうもんですよ。みんなが元気になりゃぁいい」。

人間の喜怒哀楽の根源に訴えかけてくるのがプロレスなのである。取材を終えたあと櫻井さんは私たちを2階に案内してくださった。そこはまるでプロレス図書館のようだった。考えてみれば櫻井さんの存在自体が図書館のようなものだ。「またいらっしゃい」と櫻井さんは言ってくださった。でも自分などが再びお邪魔するのは図々しいと思い、最初で最後になってしまった。櫻井さんの訃報を聞いたとき「ああ、図々しく思われても伺えばよかった」と悔いた。

あれ以降、年配の方には積極的にいろいろ尋ねたほうがいいと思うようになった。もし話を聞けなくなったら本当にひとつの図書館を失うに等しいと痛感したからだ。それはもったいない。一方で「自分たちも図書館になる立場だ」ともここ数年で気づいた。将来「2020年からのコロナ、パンデミックはどんな状況だったの?」と尋ねられるかもしれないからだ。未来の世代に備えてきちんと答えられるように日々を記憶したり記録することは大切だ。次は自分たちが図書館にならなくてはいけない。そんなことを感じたのである。

第10章
政治とプロレスの近似性

政局の楽しみ方

「政局より政策が大事」という声がよくある。新聞の社説なんかそう書いている。でも私は政局（権力闘争）も絶対に見るべきだと主張している。そこに「人間」が見えるからだ。いざ自分が勝つか負けるかという局面に遭遇すると本性が出る。非日常での振る舞いこそ、我々は目を凝らしてみておくべきなのだ。

少年時代、私はいつもプロレス誌をむさぼり読んでいたが、父親が買っていたのが『文藝春秋』『中央公論』『週刊朝日』だった。プロレス誌と同時にそれらもパラパラと読んでいると、政治記事がよく載っていた。実はその手の記事は10代でも読めた。雑誌や週刊誌は「人間」の野心や性《さが》に焦点を当てた記事が多いからだ。

そうして「田中軍団」だとか「竹下派独立」だとかの記事を読んでいたら「まったくプロレスの軍団抗争や新団体旗揚げと同じじゃないか！」と気づいてしまったのである。ワクワクした。私は政治もプロレスも楽しみ方がまったく同じ少年となった。私にとっては「竹下派七奉行」も「全日本四天王」も同じだった。

実際に政治とプロレスは似ている。どう主導権を握るか、どう仕掛けていくか、どうやって支持者《ファン》に訴えていくかという重要な点はほぼ同じだ。特に私がプロレスから学んだモノの見方は「弱い立場から成りあがる姿」である。菅義偉が自民党総裁選に出馬したとき、菅は「秋田出身で高校卒業して上京して段ボール工場に就職」という苦労人アピールに余念がなかった。あれなんかは、大仁田厚がFMWを立ち上げたときの「借りた5万円で電話線を引いた」的なアピールを思い出さずにいられなかった。菅義偉と大仁田厚は人の心をつかむツボをちゃんと心得ていたのだ。

90年代以降、多団体が存在する流れになってから、プロレスファンは少数派にも注目するようになった。少数派からの大化けがたまらないからだ。前田日明のリングス旗揚げもひとりぼっちだったから注目された部分もあったと思う。共通するのは腹をくくった人間は強いということ。逆に言えばどんなに恵まれた立場でも、フワフワしていたら勝てない。

例えば、菅が勝った2020年の自民党総裁選で言えば「フワフワ」に該当したのは岸田文雄だった。これまでの自民党であれば岸田の所属するハト派の宏池会は、安倍政治の対極にいたはずだ。しかし岸田はよりによって安倍首相からの「禅譲」を狙ったのである。こんな皮肉なねじれ現象はない。

しかも、ファンが納得しないエースの禅譲なんて政治でもプロレスでもひっくり返されるのがオチである。そんなことは岸田以外はわかっていたのに本人だけは「王位継承」を期待していた。誰もつけなくなったアベノマスクを最後までいじらしく着けていたのが岸田だった。実は岸田は2018年の総裁選も、安倍首相に気を使って出馬を迷っていた。当時の新聞を見てみよう。安倍・岸田の会食の様子だ。

《「ポスト安倍」を狙う岸田が総裁選に出馬するのかどうか。これまで遠回しに腹を探ってきた安倍だったが、この日は単刀直入に切り出した。「岸田さんはどうするの?」。岸田は「どうしましょうか」といつものように煮え切らず、安倍支持を明言しなかった。》(読売新聞2018年7月26日)。

パワーワード「いつものように煮え切らず」。岸田は結局出馬はしなかった。プリンスと呼ばれるほど期待されていたのにこの優柔不断。プロレス界にも似たようなキャラが過去に幾人もいたような……。

岸田はけんかを仕掛けるのが致命的に弱くて、総裁選に敗れた。ただ、注目すべきは禅譲がないと気づいた瞬間からようやく開きなおった点だ。「格差解消」など安倍政治の批判的なことを主張しだした。仕掛けるのがかなり遅かったが、先ほどの「弱い立場から成りあがる姿」を当てはめるなら、十分に恥をかいた岸田は怖いものはもうないはず。

そう考えた私は《この振り子が逆に振られるようになったら面白い。そう、優柔不断の岸田氏だったからこそ化けるチャンスもまだあると私は考える。》と当時のコラムで書いた。

するとどうだろう、2021年の総裁選出馬に当たり、岸田はガラッとイメージを変えた。出馬会見でいきなり二階俊博幹事長の再任拒否という先制パンチを放ち「今年の岸田は違うぞ」という印象を残したのだ。

ライバルの菅はそのあと慌てて同じ策を主張したが、岸田の勢いを見て観念したのか総裁選不出馬を宣言した。今度は岸田が勝ったのだ。武藤敬司は「プロレスはゴールのないマラソン」と言ったが、まさしく政治家もそうなのだろう。いつ誰が抜け出すかわからない。笑われている立場の人こそチャンスなのかもしれない。

ただ、岸田の二階外しは予想以上にウケたが、言った岸田本人も反響にびっくりしていたフシがあった。あれは天然だったのだろうか。その後首相になった岸田はかなりフワフワ路線に戻っているが、プロレスで学んだ「敗者の逆襲」は確実に政局の見方の部分でも役立つのである。

馳浩概論Ⅰ　―馳は昔から「政治家」だった―

2023年の正月以降、ちょいちょい馳浩が話題だ。

たとえば『馳浩知事、石川テレビにプロレス映像提供拒否　同社の映画めぐり不満』（朝日新聞デジタル・2023年1月27日）という記事があった。石川県の馳浩知事は定例会見で、自身が元日に出場したプロレスの興行をめぐり、馳氏の意向で石川テレビに試合映像を提供しなかったことを明らかにしたのだ。

「知事が元日に出場したプロレスって何?」と思う方もいるに違いない。説明すると馳知事はもともとプロレスラーだった。95年の参院選に出馬して当選し、それ以降は政治家活動が主だが現在もたまにプロレスの興行に出ることもある。2023年の元日には日本武道館で開かれたプロレスリング・ノアの興行に「X」として登場した。馳知事はこのときの映像を石川テレビには貸さないと言っているのだ。

その理由はこうだ。

《馳氏は、同社制作で、昨年10月公開のドキュメンタリー映画『裸のムラ』で、馳氏や県職員の映像が無断で使用されていたとして、「肖像権の取り扱いについて、倫理的に納得できてい

ない」と語った。そのうえで、同社社長と議論の場を持ちたいとした。》

この理由を読んで思わず笑ってしまった。なぜって映画『裸のムラ』は権力を持ったおじさんの振る舞いや、それに対する忖度や同調圧力を描いていたからである。馳浩も森喜朗も「出演」していた。

同作品の五百旗頭幸男監督は《森氏を絡めて描くことで結局、石川県の政治は茶番劇が繰り返されてきたことを示すのにマッチしていた。馳氏は昔から『新時代』と強調していたけれど、本質は何も変わっていないのではないか》と公開当初に述べている。

つまり今回の馳浩知事の振る舞いは、映画のテーマを自分で証明してしまったのである。石川テレビのドキュメンタリーが気に入らないから自分のプロレスの映像は貸さないと言っているに等しい。無理やりすぎて滑稽にすら思えるが、こうした圧力は地元ではさぞかし効果があるのだろう。

ここであらためて馳浩をおさらいしてみたい。昭和の新日本プロレスではアントニオ猪木や長州力たちが情念をたっぷり見せる、暗くて求心力のある試合をしていた。しかし馳のプロレスはやけに明るい健全なスタイルで合理的でサバサバしていた。私は馳の明るさがイヤで仕方なかった。「新日本の伝統を壊しているのでは?」と感じていた。

しかし一方で馳のプロレス技術は巧かった。いざ試合となると引き込まれるときが何度もあった。たとえばスタイナー・ブラザーズとの試合。彼らは90年代新日本プロレスのアイコンの一つだと私は思っているが、高度な技の数々はドーム興行にも映えた。スタイナー・ブラザーズの大技を受けまくった馳浩は功労者だったと言える。これはこれで認めないといけないと思い直した。つまり私は多様な価値を認めるという態度を90年代初期に馳浩に習ったのである。自分でもなんだか大人になった気がした。

馳はレスラー時代からソツがなくてやり手であり、最初から政治家みたいな印象の人だった。だからあっさり政界に転向したのも納得だったのだ。

そんな馳浩が森喜朗の支援を受けて2022年の石川県知事選に立候補。現職の谷本正憲知事は森喜朗の天敵とも言われていた。

《馳氏は県出身の森喜朗元首相の誘いでプロレスラーから国政に挑戦。県内では、馳氏の知事選出馬は政治家としての親とも言える森氏が後ろ盾になっていると受け取られた。》(毎日新聞2022年2月16日)

もう万全の体制に見えた。ところが……。

《地元では、馳さんがいち早く手挙げして谷本さんを引きずり下ろしたように見えた。》(自民

の参院議員・朝日新聞2022年2月13日）

ゴタゴタを報じるタブロイド紙を読むと、馳は地元のアンチ森派や現知事派の反発を呼んでしまい、「森憎し」の知事派県議や地元の漁協などが中心となって元農水官僚の参院議員に出馬を要請したと書いてあった。こうした影響か、序盤の選挙報道では馳の苦戦が報じられていた。馳は仕掛けが早すぎたように見えた。森喜朗という強大なバックがいるからこそ、こういう振る舞いが反発を招いたのだろう。言わば盤石すぎてブーイングが飛んだのである。

これは馳浩らしいなぁと思った。なぜってこの状況はプロレス国内デビュー戦のときを彷彿とさせるからだ。

長州力の秘蔵っ子として入門後すぐに海外武者修行というエリートコースを歩んだ馳浩は、87年12月27日の新日本プロレス両国国技館大会に凱旋帰国した。なんと帰国第1戦でいきなりチャンピオンになった。しかし、さぁスター誕生！　とはならなかった。

あまりにもエリート路線過ぎてプロレスファンの反発を買ったのだ。ファンは逆境から這い上がってくるレスラーの生き様が好きだ。馳浩は将来が約束され、お膳立てができすぎていたように見えてしまい観客からブーイングを浴びたのである。

これって県知事選のスタートとまったく同じである。森喜朗の支援を背に知事の座が約束されたような振る舞いをして反発を食った。歴史は繰り返す。

先述したように私は馳浩をプロレスラー時代から「政治家がプロレスをやっている」と思って見ていた。馳はメインクラスの選手でもあるが興行の中盤も任せられる便利なタイプだった。佐々木健介という不器用な選手も馳とタッグを組むことで光ることができた。道場主として若手育成をするなど裏方としても新日本プロレスを支えた。現場監督の長州力からすると使い勝手がよかったはずだ。

興味深いのは知事選で馳の応援のため石川県入りした橋本聖子氏が「こんなに使い勝手がいい人はいませんよ」と言っていたのだ（スポーツ報知・2022年2月24日）。完全にレスラー時代と同じ評価なのである。

森喜朗にスカウトされてあっさり政界へとなったとき、それまで馳に感じていた鼻につくほどソツのない立ち居振る舞いは政界ならもっとハマると予想した。橋本聖子の評価を知ってやはりそうかと納得したのだ。

実は私は2017年に「文春オンライン」の企画で馳浩と対談したことがあった。馳は2013年の橋本聖子との対談では東京五輪について「アスリートファーストで、コンパクトオリンピックであるべきだ」と言っていた。それら過去の発言からすると、猛暑やら経費増や

らで問題山積する目前の東京五輪は馳氏のかつての言葉と違うではないかと問うと、
《それについてはちょっと厳しい言い方になりますが、アスリートに与えられた条件は全員同じ》
《もともと最初のプレゼンで提示する経費には、警備費や輸送費が入っていないんです。（略）ここが一般にはわかりづらい、誤解を生みやすいところなのだと思います》
しれっとしたものだった。そして２０２２年、石川県知事となった。序盤の苦戦報道をひっくり返して当選。辛勝とはいえ、大出世には変わりない。

これが最近の状況だったが、馳造が政治家としてたまにプロレス会場に「凱旋」すると現役バリバリの頃よりも会場は盛り上がる。そりゃぁ馳知事は試合に出たいでしょう。石川テレビに貸し出ししないと馳が言って話題になった今年の元日の試合。私は現場で観戦していたが、貸し出し問題の前に興味深かったことがあった。
試合後に記者から肉体のコンディションを褒められると馳は「プロなんだから当たり前だろ？そんなつまらないこと聞くなよ。何年間プロレス記者やってんだ？（他に質問は）ない？ないね？　はい、終了。どいつもこいつもショッパイ記者ばっかりだ」と憤慨して去っていったのである（バトルニュース・1月2日）。

私はこのやりとりを見てニヤニヤしてしまった。「うまいことやってんな」という印象しかないからだ。というのも記者に悪態をついて「そんなつまらないこと聞くなよ」と言ってみせるなんてまるで「昭和のカリスマレスラー」みたいじゃないか。「出る前に負ける事考えるバカいるかよ」とレポーターにビンタした猪木みたいだ。

でも馳はカリスマでも無頼派でもなく優等生レスラーだった。マスコミを利用することにも長けていた。少なくともファンに見えるオモテの範囲ではうまく見せていた。『週刊プロレス』の論調に反論したことはあったけど「プロレスラー」というより「論客」としての態度だった。馳が相手を務めた安田忠夫のデビュー戦は週プロに提案して試合レポを「自分で」書いていたほどだ。そういう立ち回りの良さは、レスラー像として新鮮だったが鼻につきすぎた面もあったと思う。

しかしあれから時が経ち、政治家でも出世した馳がリングに立つとある意味、馳浩史上もっとも、何をやっても観客からウケる状態なのである。そうした空気を察知した「プロレスラー馳」はあえてプロレスマスコミに強気に出てきたのだろう。いまならウケるだろうと。だからわざとらしくプロレス記者に厳しい言葉を言うのだ。まるで自分も昭和のカリスマレスラーだったかのように振る舞う。言ってみれば歴史の改ざんをしているのである。そういうとこなんだよ、馳浩は。

以上が私から見える「プロレスラー・馳」の悪態ぶりっ子の様子だが、今回の石川テレビに対する記事を見ると「政治家・馳」はどうやらぶりっ子でも何でもなく本当に権力を振りかざしているのだ。政治家になって権力に対して慎重にならないとこうなってしまうという好例なのである。みっともない。

馳浩概論Ⅱ ―プロレス史で学ぶメディア論―

私は、馳が石川テレビに映像を貸し渋った試合を現場で観戦していたことはすでに書いた。馳が激務の中でコンディションを整えてリングに上がったことは肉体や動きを見ればわかった。さすがである。ただ、勿体ぶって映像を貸さないというほどの試合ではなかったと思う。だからこの時点で馳知事の振る舞いは十分可笑しいのだが、実は馳の胸には「嫌な予感」が去来していたのではないか。

それは2022年8月の「白山足止め騒動」である。石川と岐阜の県境にある「白山」の魅力をPRするために馳知事自ら登山し、ご来光を見るという企画があった。しかし石川県を襲った豪雨によって、山あいで孤立状態になってしまったのだ。知事が足止めされた結果、県庁で災害対応の指揮をとれなかった問題が起きたのである。

当時の報道を見ると石川テレビは知事の行動を厳しめに論評していた。元日のプロレスの映像を石川テレビに貸したらまた何を論評されるかわからない。そうした馳の「嫌な予感」はなかったか？　だから石川テレビの映画にケチをつけて「問題視」したように見える。しかし専門家からするとそれはかなり苦しい論理だという。

《馳知事は、職員の顔や名前が判別できる状態で無断で撮影され、映画として公開されたことを問題視する。公務員の肖像権について、京都大の曽我部真裕教授（憲法・情報法）は「公務中の場面を映したものは違法な肖像権侵害にはならないと考える」と指摘。（略）「公務中の映像で、ドキュメンタリーは報道の一種。公益性が高く、報道の自由が優先される」とみる。》（北陸中日新聞・4月5日）

このように馳知事の石川テレビへの文句は無理筋に思えるのだが、自分を厳しめに論評するメディアに対して見せしめと圧力をかけたと考えればわかりやすい。政治家が公然とメディアコントロールを仕掛けているのだ。ヤバいぞ馳浩。

さらに気になるのは「地元メディアの報道姿勢」も問われていることだ。新聞労連や民放労連からなる「日本マスコミ文化情報労組会議」は声明文を発表したが「メディア側の対応も十分とは言えない」と指摘している。これはどういうことか？
《新聞も、精力的に取材・報道する媒体は一部にとどまる。今回のように表現・報道の自由に深刻な打撃を与える問題に対しては、報道機関は一致して事態の打開に向けて行動すべきだと考える。》（声明文より）

調べてみるとわかるがここでいう一部の新聞とは「北陸中日新聞」「朝日新聞」のことだ。

逆に石川県で大きなシェアを誇る「北國新聞」はこの問題ではおとなしい。北國新聞は馳浩の「後見人」である森喜朗と近いとされる。

馳はそんな安心感もあって言うことを聞かないメディアを名指ししているのだろうか。そうした「脅し」が有効に見えるからわざわざ「県外」から声明文が出たのだ。ヤバいのは馳浩だけでなく石川県内のメディアも同様なのである。

さて、こういう状況を知れば馳浩知事は石川県内では安泰で盤石とも思える。しかし実態はそうとも言えないのだ。23年の統一地方選では現実が見えた。以下の結果を見てほしい。

『保守分裂「刺客」新人を手厚く支援したものの…「馳知事系」県議選で続々落選』(読売新聞オンライン・4月10日)

石川県議選では「馳知事系」が次々に落選したのだ。馳浩知事は22年3月に誕生したが、今回、知事選で自分を支援しなかった現職の選挙区に新人を刺客として送り込んだものの、相次いで「馳知事系」が敗れたのである。

《県議選を機に馳氏が影響力を強められるかは微妙だ。》(朝日新聞デジタル・4月11日)

いかがだろうか。実は馳知事は大ピンチなのである。それはいまに始まったことではない。保守分裂選挙といわれた22年の知事選に辛勝したが、馳知事の不安定さは当選と同時に始まっていたのだ。今回の県議選では防戦一方という現実が見えた。だからこそ言うことを聞かないメディアには厳しく当たってきたようにも思える。馳の焦りは元日のプロレス報道から可視化されていたのだ。

馳知事も県内メディアもそろそろ気づいたほうがいい。知事が石川テレビに対して理不尽な振る舞いをすればするほど一部始終は全国から見られていることを。「裸のムラ」ならぬ「裸の馳浩」なのである。

ここまで書いてきたように、馳浩知事の石川テレビへの振る舞いを各媒体で取り上げていたら4月末に「北陸中日新聞」から私にインタビュー依頼があった。馳知事の地元・石川県で読まれている新聞の一つであるが、今回の問題を考える記事をゴールデンウィークに出したいという。

この問題において「地元メディアの報道姿勢」も問われていることを前述したが、その中で「精力的に取材・報道する媒体は一部」の「一部」が北陸中日新聞である。北陸中日新聞はやはり知事のメディアへの圧力を問題だと思っているのだ。企画のタイトルは「政治とメディア」。私以外にインタビューを受けているのは東海テレビプロデューサーの阿武野勝彦さん、憲法学者の木村草太さん、元総務相・片山善博さん、ノンフィクションライター　松本創さん。このようなメンバーの中に私が入れられたのはプロレスラー・馳浩もずっと見続けているからであろう。

馳は、私がこの取材を受けた時点（4月末）で、試合映像の貸し出し不許可だけでなく、以下の姿勢を打ち出していた。

・定例記者会見を拒否
・定例記者会見を開く「条件」として、石川テレビの社長出席を要求
・今後、定例会見とは別の形で随時会見を開催すると表明

これらの言動の何が危険で問題なのか。松本創さんは《社長に圧力をかけることで、社員でもある記者の発言や取材を制限できると考えているのだろう》と述べている。「定例会見ではなく随時会見を開催」というのは一見するとよさそうに見えるが、実は問題がある。次の点である。

《県側が主導権を握り、県の広報を垂れ流す会見が増えることになるのであったら意味がない》と上智大の音好宏教授（メディア論）は述べている（北陸中日新聞・4月15日）

これらの状況を把握していただいた上で私のインタビューを読んでいただこう。記者とのやりとりを抜粋する。

――新聞十四紙を日常的に読み比べ、大のプロレス好き。石川県の馳浩知事が衆院議員時代に対談経験もある。馳知事が石川テレビ放送に対し、社長の定例記者会見出席などを求めていることをどう思ったか。

鹿島　正直、ぎょっとした。権力者がメディアに介入する話は、放送法を巡る政府の解釈変更問題と通じる。発端となった石川テレビの「裸のムラ」は、権力者の圧力や忖度を危惧した映画なのに、馳知事自身がまさにそれをやってしまった。二〇一七年に文春オンラインの企画で対談し、しっぽをつかませないやり手の政治家だと思ったが、ここ数年で変わったのでは。トップに立ち露骨な態度に出たことで、一線を越えた。

――馳知事は公約の定例会見を実質棚上げし、必要に応じて随時会見を開き、情報を発信する方針を示している。

鹿島　会見は県民への情報提供の場。随時会見というのは、自分の都合で開けるが、定例会見は不都合があっても出なくてはいけない。プロレスでいえば、コンディションが良い時に自分の意思で試合を組めるということ。調子が悪くても、リングに上がるのがプロであり、論理のすり替えならぬ、リングのすり替えだ。試合の半年前からコンディションを整えるプロ意識の高い人なのに。

――馳知事がプロレスラーとして活躍していた当時をよく知っている。

鹿島　他のレスラーと色合いが違い、明るく論理的で合理的、レスリング技術もすばらしく、何でもできる人。プロレス出身の政治家というのは失礼で、政治家がプロレスをやっている印象だった。一九八〇年代後半から九〇年代にかけてのプロレス界は、気に入らないメディアを拒否したり、情報をコントロールしたり、記者をなめているところがあった。だから今回の一件は、悪い癖が出たなと感じた。

――自身が共同監督した公開中の映画「劇場版　センキョナンデス」では国政選挙に注目し、政治とメディアが一体化した地方都市の実情に迫っている。権力とメディアの関係性について、どう考えるか。

鹿島　メディアは権力に目を光らす猟犬であるべきだが、補佐する番犬となっていないか。石川県に限った話ではない。取材のために近づいたっていい。ただ、知った情報は全部書く。映画を作り、やじ馬感覚で選挙を見て、あくまでプレーヤーは自分だと実感した。主権者の代理人である政治家を選ぶために、どんな考えを持っているかチェックする。選択の幅がいびつにならないよう、情報はオープンにならないといけない。それが「知る権利」であり、猟犬たるメディアが果たす役割だ。

権力による介入や圧力は昔からあったが、メディアはいなしつつ報道してきた。ここ十年で急に弱体化しているのでは。「マスゴミ」とやゆする交流サイト（ＳＮＳ）に気を使いすぎているのかもしれないが、ダメなことはダメと言わないと。主権者である視聴者や読者の方を向くことを、徹底的に考えないといけない。

以上がインタビュー内容だが、驚いたのは私のインタビューは北陸中日新聞の5月4日の一面トップに掲載されたのである。

新聞としての危機意識の強さがわかる。ちなみに一面の見出しは『プロ意識忘れたか』。随時会見は自分の都合で開けるが定例会見は不都合があっても出なくてはいけない。その点について《調子が悪くても、リングに上がるのがプロ》という例えを見出しにしたのだ。

さてインタビューのある部分を読んで、長年のプロレスファンならニヤリとした部分があるだろう。逆にそうでない方は「?」とザワっとした部分があったと思う。それは、下記の点だ《一九八〇年代後半から九〇年代にかけてのプロレス界は、気に入らないメディアを拒否したり、情報をコントロールしたり、記者をなめているところがあった。だから今回の一件は、悪い癖が出たなと感じた。》

の部分だ。そう、まさにプロレス史を知っていると今回の「政治とメディア」も深く考えることができるのである。

ではあの頃のプロレス界に視点を移そう。

80年代後半から90年代前半まで熱狂的支持を集めた雑誌が『週刊プロレス』だった。売れに売れて公称40万部。編集長を務めていたのがターザン山本氏だ。プロレスの試合への独特な論評はいつしか「今週のターザンは何を書いているのか」という注目になった。読者は試合を見て自分の頭で考え、週プロの論評と読み合わせをする楽しみを覚えた。この現象は「活字プロレス」と呼ばれた。

活字プロレスと呼ばれたジャンルには、ターザンの前にも作家の村松友視、週刊ファイト編集長の井上義啓がいた。井上氏はファンとプロレスについて語り合う「喫茶店トーク」のことをよく紙面に書いていた。それに憧れた私とハチミツ二郎（東京ダイナマイト）は新人時代に高円寺の喫茶店に毎週集まって、喫茶店トークを行っていたほどだ。話はプロレスから常に芸能ゴシップに脱線していたが、そんな真似をしたくなるほど活字プロレスは私たちに影響を与えたのである。

中でも私が多感な時期に直撃したのがターザン山本氏だった。世代的なものだけではない。ターザンはそれまでの識者とは異なり、巧みな文章力だけでなく、刺激や下世話さや煽りもある文体で、そこもたまらなかったのである。さらに言えば、同じ試合を見ても多様な視点がある、という気づきは各雑誌や新聞の「読み比べ」にもつながった。活字プロレスには本当に感謝している。

週プロにどれほど私がハマっていたかの例として早売りがある。大学生時代には往復700円をかけて早売りの週プロをわざわざ遠く離れた駅のキオスクに買いに行っていた。翌日になれば定価で手に入るのに、いち早く週プロを読みたかったのである。同じ行動をしていた方々も多いだろう。プロレスというジャンルの自由さ、奥深さが「解釈を楽しむ」ということを教えてくれたのだ。

そんな影響力があった週プロだが、いつしか週プロがプッシュした団体や選手がブレイクするようになった。そのうち今週の表紙は誰が飾っているのか？　という点でさえファンの大注目となったのである。


「FMWは聖家族、だから〝くどめ〟大好き」

「早熟なのに大器晩成」

「わかったからもう、やめてくれ」

「理屈抜き！　高田時代だ」

「純真まるで〝宮沢賢治の世界〟だ」

「密航作戦開始せよ」


これらの表紙コピーを、今も覚えているファンは少なくないはずだ。

ターザンと週プロが推した一つの団体が「ＵＷＦ」だった。関節技とキックを主体とした格闘技志向のプロレスは、不透明決着などが続く旧来のプロレスに辟易していた若いファンに支持された。ＵＷＦのアジテーターとなったのがターザンだった。週プロ読者は、ターザン山本のアジテーションを迎えいれ、週プロはプロレス界の最大の「団体」となったのである。

煽り伝説の一つを挙げよう。新日本プロレスを追放された前田日明らによる第二次ＵＷＦ旗揚げ時だ。表紙にデカデカと「チケット15分で完売！」とやった。ファンは次回からチケット取りに躍起となり、正真正銘のプラチナにしてしまった。あまりの影響力とＵＷＦのブレイクぶりに、ライバル団体の新日本プロレスの長州力は「山本、Ｕはお前だよ。」と後に名言を吐いた。ＵＷＦ幻想はお前の言葉がつくっていたという意味である。

週プロ絶頂時の１９９０年に異変が起きる。プロレス界に黒船が来航したのだ。「メガネスーパー」が資金50億とも60億とも言われる大金を用意し、「ＳＷＳ」という団体を設立。これに週プロ、ターザンは大批判キャンペーンを展開。「金権プロレスは許さない」というバッシングを仕掛けたのだ。私は熱心な週プロ読者だったが次第に批判の柱が理屈ではなく感情がメインになっているようにみえ、この報道はおかしいのでは？　と思い始めた。冷静に考えれば大企業が大金を持って業界参入してくれたわけである。それなのにムラ社会の権威（週プロ）が排他的な拒絶反応をしているように感じたのだ。

さらに、週プロを発行するベースボール・マガジン社は95年に各プロレス団体に呼びかけて自社主催の東京ドーム興行を開催した。週プロの機嫌を損ねないために団体の多くは協力したのだろう。ここに至って完全に「権力」が一つ生まれていたわけである。私は権力者になりすぎた週プロ（ターザン）を読むのをその数カ月前にやめていた。ささやかな抵抗のつもりだった。

すると、1年後に大事件が起きる。ターザンに批判的な文章を書かれた新日本プロレスは、1996年に週刊プロレスに取材拒否を通告したのだ。それまでも他の団体から取材拒否を受けた経験がある週プロだったが、業界最大手の新日本からの取材拒否は痛手となった。ターザンは編集長を辞任して業界を去った。新日本プロレスを実質的に率いていた長州力に、業界から追放された形となったのである。

十数年後、ターザンは自分の団体を誌面で大きく取り上げてほしいという関係者から「カネ」を受け取っていたことを自著で告白した。元読者にとってはガッカリさに加え、ほらやっぱりという気持ちもあったが、ただ最初の頃に特定のレスラーや団体を推したのはカネではなく編集者としてのセンスだったはず。それは読んでいてわかった。しかし権力を持ってからはそんな振る舞いにもなってしまったのだ。

それらターザンのマイナス面を踏まえた上で、いまあらためて思う。プロレス団体側が、力を駆使して取材拒否をしたり、気に入らないメディアを追放するというのは、やはり異常だった。取材拒否は間違いだった。そもそもあのとき新日が取材拒否をしなくても、報道する側の驕りを感じていた読者（私を含む）はすでに週プロから離れていたわけだから、遅かれ早かれ週プロ内部で自浄作用が働いていたはずだ。

なのに為政者（プロレス団体）側がわざわざ手を突っ込んでくるのはどう考えてもおかしい。ゴリゴリのムラ社会である。

これと同じことを今回の石川県の馳浩知事を見て痛感するのである。馳は師匠だった長州の取材拒否を真似ただけではないのか？　考えてみてほしい。プロレスという一つのジャンルでも異様だった会見拒否（取材拒否）を、県政のトップの政治家が堂々と行うという状態を。知事という立場の人間が「プロレスごっこ」をしてどうするのだ。驕りの証明でしかない。

そういえば、馳浩の現在につながる「萌芽」を当時の週プロの記事からいくつか思い出せる。馳は自分の試合レポートを志願して週プロの誌面で書いたこともあったのだ（94年2月、安田忠夫のデビュー戦を務めた試合）。

現在、ダルビッシュ有などメジャーリーガーがＳＮＳで積極的に自分の投球などについて言及するのを考えると、馳のあの試合レポは、時代を先取りしていたとも考えられる。馳浩は自分がどう報じられるのかという部分において当時から目を配っていた。93年には週プロに「今年のG1クライマックスは失敗だった」と書かれると即座に反論していた。翌週の週プロは馳のインタビューを載せ、表紙にもした。

『馳浩の反論　週プロは失敗と書いたけどG1は成功だった　来年はリーグ戦をやる!』（1993年8月31日号）

これなんかはマスコミと当事者の論戦という面白さがあった。今まで書かれっぱなしの当事者側があえて反論し、誌面で応酬するというスタイルに私も当時興味深く読んだ。新鮮だった。ただ、「プレイヤー側が成功だったと押し切るのは、論評の面白さがなくなってしまうのでは?」と当時も感じていたことを思い出すのだ。この年のG1の両国国技館7連戦は前代未聞のスケールだったから、興行として話題になった。私は大学生の夏休み中で、東京のカプセルホテルに泊まりこんで全て観戦した。現場を観た感想を一言で言えば「7連戦の長さが裏目に出て冗長」であった。だから週プロの論調も理解できたのだ。

ここでポイントだと思うのは、何かを書かれた側（当事者）が「応答」するのは現代においてはかなり重要ということだ。SNSなどネットで事実と異なることやデマが流されたら、当事者は毅然と「応答」することが最大の防御策でもある。事実と異なることが流布されたら、たまったものではない。誹謗中傷対策は大問題なのである。

しかし注意しなければならないのは、プロスポーツやエンタメの当事者が自分のプレーや作品について客観的な事実に沿いつつ、「批評」「論評」されたとき、本人が介入して否定するのは言論へのけん制・圧力につながるのではないか？　この点を書いておきたいのだ。事実、馳浩はエンタメどころか政治の分野で、知事として今回それをやっている怖さがある。


では、アントニオ猪木のマスコミに対する姿勢はどうだったのか？　猪木ほどの存在になれば気にいらないことを書くメディアも多かっただろう。まず思い出すのは、活字プロレス全盛時に猪木は「週プロ」を読んでいるというスタンスは決して見せていなかったということだ。もしかしたら猪木もこっそり読んでいたかもしれないが、公の場では猪木はどんな論評もどうぞという無言のメッセージを発していた。論評に関してはでんと構えていたように見え、それがスーパースターの風格にも思えた。

猪木とメディアに関して記事を探してみたら、猪木はこんなことを言っていた。『猪木、亀田家に嫉妬？「俺もマスコミに追いかけられたい」』（ＯＲＩＣＯＮ ＮＥＷＳ・２００８年6月14日）という記事。当時話題だったボクシング一家に対して猪木が「俺もまた、スキャンダルを起こしてマスコミに追いかけられたい！」と嫉妬発言をしていたという。

２０２０年には『猪木氏が〝瀬戸騒動〟ぶった切り「男と女のことはしょうがねえだろ!」「叩かれるのも修業」』（東スポＷＥＢ）という記事もあった。競泳男子個人メドレー2種目で東京五輪代表の瀬戸大也が不倫騒動を引き起こして日本水連の処分を受けた。そんな瀬戸に対して猪木は《マスコミに叩かれるのも一つの修業のうちだと思えばいい。そこを乗り切って人生を重ねれば、振り返った時に『ああ、あれもあったな』『これもあったな』となる。体験なし、経験なしではものを言えないしね》とアドバイスしていた。

「マスコミに叩かれるのも一つの修業のうち」。猪木ならではの豪快さだ。拒否するどころか、叩かれるのを望むのが猪木なのだ。強がりもあろうがそれすらも見せているのが猪木。思わず馳浩とのスケールの違いを考えてしまう。

では最後に。馳知事には１９９１年12月31日号の「週刊プロレス」の見出しをささげたい。

「馳、お前、そんなところで、何をやっているんだ?」

第11章

猪木とスキャンダル

「猪木を好きになる」その複雑さについて

私は猪木を見ながら半信半疑、さらには疑心暗鬼から生じた感情を長い間抱えてきた。そして好きな気持ちは変わらなかった。こんなに猪木を好きだったと人前で打ち明けられるようになったのは、比較的最近である。でもこれは単なる一人のファンに限ったこじれ方ではない。実際に現場で取材していた記者はもっと凄かった。

竹内宏介さんというプロレス界の大御所記者がいた。若くして『月刊プロレス&ボクシング』の編集長に就いたあとは『月刊ゴング』編集長としても活躍。そのあとも評論家や『全日本プロレス中継』の解説者として活動されていた(2015年に死去)。

竹内氏は猪木と馬場についてこんなことを書いている。

《プロレスラー・アントニオ猪木と人間・ジャイアント馬場が好き》

これは長年の持論だったという。

ジャイアント馬場に対しては素直に「好き」と答えられるのに、猪木に関しては「リング上のプロレスラー、アントニオ猪木は」という注釈を必ず付けていたというのだ(『週刊ゴング』1996年〜・「アントニオ猪木外伝　闘魂醜聞伝説」)

どうだろう、この戸惑い。この時点で35年以上も猪木を取材する立場にあり《その距離が遠かろうと近かろうと、やはり、アントニオ猪木という存在は常に私にとって気になる題材であった事に変わりない》と書いている。

そこまで人を考えさせてしまう猪木という存在。若き日をおさらいして、その人間性の源を考えてみよう。

1960年9月30日、2人の新人がデビューした。馬場正平（のちのジャイアント馬場）と猪木完至（のちの猪木寛至、アントニオ猪木）である。読売ジャイアンツの投手だった馬場はその知名度とキャラクターからデビュー当初からエリートコースだったが、猪木は叩き上げだった。この差は猪木物語の重要な根幹である。すべての源と言ってもいい。

馬場は早々に海外修業に出てアメリカで売れた。大谷翔平も凄いが馬場正平も凄かったのだ。猪木も才能は豊かだった。馬場に遅れてアメリカ修業をすると、約2年間でメインエベンターとなった。すると帰国寸前に新団体「東京プロレス」にエースとして引き抜かれたのである。猪木は弱冠23歳。この出来事は「太平洋上猪木略奪事件」と呼ばれる。

事件の背景は、新人時代から猪木を可愛がっていた豊登（力道山亡き後の日本プロレスのエースであり社長）が、日本プロレスを辞めたことに始まる。持病の悪化という理由だったがこれは表向きで、実際は大のギャンブル好きだった豊登の不透明な公金流用が発覚して退社したのだ。豊登は新団体旗揚げを計画。そのエースとして目を付けたのがアメリカにいた猪木だった。

猪木は新人時代に力道山に殴られてもう辞めようと思ったときに、優しくしてくれた豊登に恩義を感じていたという。そんな人に「どうしてもお前が必要なんだ。一緒にやってくれ」と言われたら心が動く。一説には「お前はこのまま日本プロレスに戻っても永遠に馬場の上にはいけない」と口説かれたとも言われる。こうして猪木は新団体のエースになることを決めて帰国した。

凱旋帰国の第一戦、つまり東京プロレスの旗揚げ戦で猪木は強豪ジョニー・バレンタインと壮絶な名勝負を見せる（1966年10月12日）。

この試合がどれほど凄かったか？

《取材した記者、カメラマンが口々に「凄かった」と言っていた試合だが、映像が残されていないため会場にいた者だけ観ることのできた、まさに猪木の〝伝説の名勝負〟だ。》（東スポWEB・2021年8月29日）

竹内宏介氏もこの試合を見たプロレス記者たちは口を揃えて《猪木はいずれ間違いなく馬場を超えるスターになる！》と絶賛したと書いている。しかし、東京プロレスは約半年で崩壊してしまう。その理由として竹内氏は、以下のように指摘している。

・もしテレビ局の放映があったら
・もし日本プロレスが各地のプロモーターに対して「東京プロレスの興行を買ったら以後、一切、日本プロレスの興行は買わせない」という妨害通達を出していなかったら

そのほかの崩壊理由として豊登の相変わらずの浪費癖、ギャンブルへの流用という要因もあった。猪木と豊登は互いに団体のカネを巡って告訴合戦の泥沼になってしまった。

猪木は67年に日本プロレスに復帰した。当時の少年ファンはテレビに登場した猪木をどう見ていたのか？　興味深い証言がある。元『週刊ゴング』編集長の清水勉氏は《どこからか降って湧いたように出てきた印象なんだよね》《後にタイガーマスクが出現した時に、少年ファンがカッコいいとか凄いとか思ったじゃない？　アントニオ猪木が日本テレビの中継に出てきた時は、あのぐらいの衝撃があったわけですよ》と述べている（『Gスピリッツ』66号）。

この感覚は想像できる。少年ファンからすれば、海外武者修行に出てすぐにスターとなって帰国した猪木は「未知の強豪」だったのであろう。子どもだと東京プロレス時代の報道を知らなかったので「どこからか降って湧いたように出てきた」ように思えたに違いない。

同じく『週刊ゴング』編集長を務めた小佐野景浩氏は《アントニオ猪木は所作がカッコ良かった。しなやかさがあったからね。他の選手はみんな野暮ったいんだけど、猪木はシャープなん

だよ》と語り、『闘魂スペシャル』編集長を務めた小林和朋氏は《あの頃の日本人選手って、オジサンか若手かみたいな感じだったから余計目立ったんだよね。我々から見ると、猪木さんだけは「お兄さん」というか、若くてカッコいいし、動きも速くて体つきもカッコいいし、使う技もカッコいいし、すべてにおいてカッコ良さが飛び抜けていたよ》と述べている（同前）。

ああ、想像しただけでワクワクしてしまう。若手時代の猪木を見ることができた人は、本当に羨ましい。

猪木が凄いのはここからだ。日プロに復帰して全国区のスターとなったが、わずか4年後に日本プロレスを追放されてしまうのである。

それが「猪木、日本プロレス乗っ取り事件」「クーデター未遂事件」（1971年）と呼ばれる騒動である。

《この絶頂期の渦中で猪木は、ある改革（野望？）を抱いていた。それは放漫経営ですっかり堕落していた日本プロレスリング興業株式会社を本当にレスラーたちのための会社に改革する夢であった。のちに猪木のこの計画は〝会社乗っ取り〟とか〝クーデター未遂事件〟として処理されてしまったが、少なくとも猪木が最初に、この改革を思いついた動機は〝働くレスラーたちのプラスになるような健全な会社にしたい〟と、いう純粋な気持ちであった事だけは信じたい》（竹内宏介）

猪木は「改革」を馬場にも相談していた。馬場はその趣旨には当初は賛同していたという。
この騒動は馬場側からはどう見えていたのか。自著の『たまにはオレもエンターテイナー』（1983年）でこう語っている。
《あの事件の発端となったのは、猪木についていた木村（昭政・後援会会長）という男が、日プロの改革案をつくったことにあったんです》
《しかし、後で聞いてみると、その改革案というのは完全なクーデター案で、芳の里、遠藤幸吉、吉村道明の三幹部をボイコットし、猪木と木村が日プロの実権を握ろうということだったらしいんですね。そのためには、まず馬場を抱きこまなきゃできない。抱きこんでおいて、成功したら、その後に馬場も蹴っ飛ばしてしまえ、というプランだったんですよ》
そして、あの人物の名前が出てくる。
《上田馬之助をつかまえて「おい、ほんとうのことを話せよ」といったら、上田が全部しゃべったんです》
これを猪木側からみると次のようになる。
《直接のきっかけは、上田馬之助の裏切りだった。それまで私と行動を共にしていた上田馬之助は、幹部の遠藤幸吉に「猪木が日本プロレスを乗っ取ろうとしています」と告げ口したのである。》（アントニオ猪木自伝）

猪木からすれば馬場だって改革案に乗ってくれたのに、上田が幹部に密告したから追放されたという認識だった。

その一方で、

《しかし、今考えれば、この木村という男を選んだのが私の最大の間違いだった。》

とも振り返っている。さらに、

《木村には、確かに邪心があったと思う。彼を連れてきた私の責任も認めよう。だが、当時の日本プロレスの経営陣が不正行為をしていたことは事実だ。私の行為も、それを正そうとする気持ちから出発していたということは信じて欲しい。》

と猪木は語る。

では、肝心の上田馬之助はどう言っているのか。自著『金狼の遺言』（２０１２年）で、

《馬場さんがあまり他人を信用する人ではなかったのは事実であり、猪木さんを最後まで信用しきれなかったのかもしれない》

《猪木さんだけには、ぜひあの時の真実を知ってもらいたい。私の望みは、ただそれだけだ。寛ちゃん、私は裏切り者ではありません》

上田は潔白を訴えていたのである。これは上田が亡くなった翌年に刊行された本なのでまさに遺言だ。猪木、馬場、上田。三者三様の言い分があったのだ。

果たして猪木の「改革」だったのか「乗っ取り」だったのか？　まさにこれぞ読み比べである。この事件はあらゆる書物や記録を読めば読むほど「真相はわからない」に落ち着く。

日本プロレス乗っ取りを企てたとして追放された猪木は、72年に自身の新団体「新日本プロレス」を旗揚げする。後に猪木は「天敵＝上田馬之助」も新日本プロレスのリングに上げた。自身が育て上げた大ヒール・タイガー・ジェット・シンと上田を組ませ、血みどろの抗争を看板カードにしたのだ。こうしてみるとアングルという言葉を軽々と超えていることがわかる。ガチな感情をいかにリングに叩きつけるか。猪木プロレスの真骨頂でもあった。

さらに驚くのは猪木の運命だ。１９８３年、タイガーマスクブームなどで人気絶頂を迎えた新日本プロレスに内紛が起きた。猪木ら幹部に対するクーデター事件が勃発したのだ。猪木のビジネス「アントンハイセル」に会社の利益がつぎ込まれているとして、猪木は社長退陣を迫られたのである。

なんという因果だろう。日本プロレス時代にクーデター未遂事件を起こしたと言われた猪木は、12年後に自身の団体でクーデターを起こされたのだ。

《このドタバタの最大の原因はハイセル事業だった。私は借金に追い回されて、もう夢を持てない状態に陥っていた。そのことが彼らに騒動を起こさせた本当の理由だと思う。私も日本プロレス時代にクーデターに失敗し、追放された過去がある。それが今度は、自分の弟子や腹心の部下たちに造反劇をおこされたのだ。》（アントニオ猪木自伝）

皮肉にもこのクーデターも未遂に終わる。

《正直、疲れていたから、引退することも考えた。だが興行の世界では、猪木抜きでは商売にならない。彼らはやがて分裂し、揉め始めた。》（同前）

その結果、騒動からわずか3カ月で猪木は社長に復帰したのである。いかがだろうか、書いているだけでへとへとになる猪木の人生。若い頃からエネルギッシュでスキャンダラスな話題を振りまいていた猪木。「観戦」するにも一筋縄ではいかぬスターだ。ファンも記者も永遠に考えさせられる人物なのである。

「愛憎」は猪木から学んだ

最近また新間寿さんのことが気になる。NHK『アナザーストーリーズ　運命の分岐点』の「アントニオ猪木ｖｓモハメド・アリ　〝世紀の一戦〟の真実」（7月7日放送）でもコメントしていた。猪木に負けず、ずっとエネルギッシュな方だ。

猪木史を語るうえで欠かせないのが新間寿氏である。「過激な仕掛け人」とも呼ばれた。イケイケ時の新日本プロレス営業本部長だった人だ。そのやり手ぶりは凄まじく、新間氏は猪木の実力を絶対的に信じていたからこそ世の中に猪木推しの仕掛けを放った。モハメド・アリ戦もそう。

ファンにも新間氏のやり手ぶりは信頼されており、私が少年時代に買ったパンフ『闘魂スペシャル』には「自分も将来新日本プロレスに入って営業本部長になりたい」という同世代の投稿があった。そうか、新日の社員になれば大きな夢を実現していけるんだなぁと私も漠然と憧れた時期があったほどだ。しかしゴタゴタやドロドロを見ていたら「猪木は遠くから見ていたほうがいい」と判断するに至った。少年にそんなことを考えさせてしまう猪木なのである。

猪木&新間の関係は古く、東京プロレスから始まっている。猪木が豊登に口説かれて23歳でエースになった新団体である。当時、化粧品会社に勤務していた新間氏は豊登と縁があり、新間氏もまた豊登に口説かれて社員として参加した。しかし東京プロレスはすぐに頓挫。それどころかカネを巡る件で猪木は豊登と新間を相手に告訴、豊登と新間も反論して告訴、完全に泥沼化の様相を呈した。

このあと猪木は日本プロレスに復帰するが4年後に乗っ取り騒動で追放され、翌年に新日本プロレスを旗揚げした（この一行だけでも凄い）。新間氏は東京プロレスを失ったあとは日光の銅山に行って鉱夫となっていたが猪木が新日本プロレスを旗揚げすると新間氏も入社。側近として団体を盛り上げていく。80年代当初にプロレスブームと言われたときに新間氏は「これはプロレスブームではない、新日本プロレスブームだ」と言い切った。お寺の息子だったので弁も立ったのだ。専門誌や東スポで「新間節」を読むのも楽しみだった。

過激な仕掛け人・新間氏の存在もあって絶頂期を迎えた新日本だったが猪木のビジネス「アントンハイセル」（ブラジルでのバイオ事業）が軌道に乗らず、資金調達に苦しむ。《資金調達に苦慮し始めた新間が新日プロの選手たちのギャラの中からも定期預金、積立の名目の金をキープし、それを一時的にハイセルの運営資金に流用し始めた事で、それまで鬱積していた選手たちの不満と不安が一気に爆発した。それがS58年8月のクーデター未遂事件となっ

て噴出した。》（竹内宏介）
クーデターが起きて猪木は社長退任、新間は新日本から追われた。翌年、新間氏は新団体設立をぶち上げる。それが「UWF」である。新日本の中で孤立した猪木を独立させるために「受け皿」として新団体設立を計画した。
《新間は猪木と相談の上、前田日明、ラッシャー木村、剛竜馬、グラン浜田らを、この新団体に出向させることで合意。》（竹内宏介）
しかしここで猪木と新間の足並みが乱れた。猪木が3カ月で社長の座に復帰したのだ。
《猪木は、あえて冒険をおかしてまで、この新団体に参加する必要がなくなってしまったのだ。ある意味では新間はハシゴを昇らされ、上に差しかかったところで、そのハシゴを下から外されたようなものだった。》（同前）
離れたりくっついたり、外からはまず理解できない猪木と新間の関係。2人を現場で見た人に実感を尋ねたら「コンビとか二人三脚というより、新間さんが猪木さんに惚れ抜いていた。新間さんの熱が凄かった」という。
私は愛憎という言葉を新間氏で覚えたと言っていい。
となると逆に想像してみたいのは「猪木側の視点」なのである。先ほど「新間氏のハシゴを外した猪木」という竹内氏の解説を紹介したが、これは熱烈に自分を慕う人物への猪木のツンデレなのか。

クーデター事件の前にリングで開催されたのが「IWGP」だった。数年にわたってIWGP実現に奔走した新間氏の願いはたったひとつ、猪木の優勝だった。しかし猪木はホーガンにKO負け。猪木は予定調和を嫌ったのではないか？　という説は今も根強いと第4章でも書いた。

猪木は「近く」すら呆然とさせることで「遠く」にも響かせるという発想だったのだろうか。とすればあのとき最も猪木に熱かったのが、新間氏だろう。「新間氏のハシゴを外した猪木」というフレーズがここにも当てはまってしまう。そうなると猪木ツンデレというより「そう簡単に猪木&新間コンビなんて言わせねえよ、俺は誰にもつかまらない」という猪木の「孤高の人間像」がみえるのだ。猪木めんどくせぇなぁ、やっぱり大好きだ。

クーデター事件のあとに新間氏が書いた本『プロレス仕掛け人は死なず』（1984年）にはページを開くと早々に《私がバッサリ斬られるところを何故黙ってみていたのか猪木よ》とあって、この濃さはやっぱり猪木へのラブレターなのである。広末涼子にも負けない。

猪木と新間の別れは決定的に思えたが、なんと数年後に新間氏はまた猪木の側近として働き始める。今度はプロレス界ではなく政界で。

政治家としてのアントニオ猪木

アントニオ猪木は89年に参院選に出馬した。このとき46歳。肉体の下降期と重なった80年代は苦しい試合も続いていた。88年の8月に弟子の藤波が持つベルトに挑戦した一戦は引き分け。試合後は猪木が藤波の腰にベルトを巻き、激闘に感動した長州が猪木を肩車して称えた。この感傷的なラストは猪木引退を思わせた。そのあとの参院選出馬というニュースだったから、なるほどうまいタイミングだなと思わせた。

そのあと猪木は98年の引退まで、年に数回ビッグマッチに登場するというスタイルになった。猪木が政界進出後の新日本プロレスは一気に変わった。坂口征二社長&長州力現場監督のコンビは軌道に乗り、闘魂三銃士（武藤敬司、橋本真也、蝶野正洋）がリング上のメインとなった。90年代序盤の新日本プロレスは快進撃を見せたのだ。興行スタイルも大都市中心のビッグマッチ形式になり、大学生だった私は東京・大阪を中心としたプロレス観戦の一人旅を満喫したのは良い思い出だ。

猪木の国会議員としてのスタートは自身が立ち上げた「スポーツ平和党」である。「国会に卍固め」「消費税に延髄斬り」といったフレーズを掲げていた。私は19歳で当時まだ選挙権がなかったが、その頃から猪木に投票する気はなかった。そのあと猪木は何回か出馬したが、結局私は猪木に投票したことはない。

これだけ猪木好きなのになぜ？　と思われるかもしれないが、好きだからこそ「猪木に権力を持たせてはいけない」「公人にしてはいけない」と考えていたからである。それが猪木を見続けた人間としての学びだと思った。もちろん見続けてきたからこそ「猪木、国会で暴れてくれ！」と願って投票したファンも多いだろう。投票の自由とは解釈の自由でもある。だから選挙は面白い。

無事に議員バッチを手にした猪木だが、議員として、もっとも目立った活躍はこれだろう。

《議員になると独自外交を展開した。湾岸危機が発生した９０年、イラクがクウェート在住日本人36人を人質にした際には、自らイラクに渡って日本人人質の解放に尽力した。外交ルートを無視した破天荒な行動は批判を浴びたが、結果を残した。》（スポーツ報知・２０２２年10月2日）

アリ戦で世界に響いた猪木の名は「独自外交」で発揮されたのである。

しかし95年の参院選で猪木は落選。そのあと年数を経て猪木は２０１３年の参院選に日本維新の会から出馬した。結果は比例区で早々に当選を決めて、堂々の35万６６０５票。猪木が維新（軍団）入り?というネタはよく言われたが、この選挙で私が印象深かったのはそんなことではなく、選挙特番で池上彰と対峙したときのことである。

生放送で池上が少し呆れ気味に猪木に問うたのだ。自由奔放な猪木の行動に「維新の会と政策は打ち合わせしていなかったのですか?」と。選挙特番名物の池上ツッコミだ。

すると猪木はキッパリと「打ち合わせはしていません」と答えたのである。スタジオはおかしな空気になった。猪木が「いいえ、ちゃんと打ち合わせしていましたよ」と反論すると予想していたからだろう。しかし私はこのくだりを見て、ちょっと泣きそうになった。「打ち合わせがあったのか、なかったのか」なんて、猪木からすれば何度も聞かれた相変わらずのプロレスへの偏見に思えてしまって、つい「反応」したのではないか? そう見立てるとしみじみしたのである。猪木は「元気ですかおじさん」としてゴキゲンなキャラだったが、このときばかりはピリッとした雰囲気を放った。猪木は今もプロレスラーだった。

さて話をスポーツ平和党時代に戻す。95年に猪木は落選したと書いたが、それには大きな要因があった。93年に政治家猪木にとんでもないスキャンダルが起きたのだ。

≪1993年、アントニオ猪木参議院議員は元第一秘書だった佐藤久美子さんによって東京地検に告発された。

告発内容は平成3年の東京都知事選への出馬を辞退するのと引き換えに、東京佐川急便からの債務免除、もしくは放棄に至ったことが公職選挙法に違反していること。さらに所得税還付金の不正取得問題……。

これはテレビや新聞、雑誌などあらゆるメディアで報道され、社会的にインパクトを与え〝レスラー・猪木〟を愛するプロレスファンも動揺することになった。翌年、参院選に立候補もスキャンダルが尾を引き、落選となった。》(「週刊プロレス昔話」ＢＢＭＳｐｏｒｔｓ・２０２３年4月30日)

このときの猪木のダメージは凄まじかった。ワイドショーで連日にわたって大きく報じられたのである。イラク人質解放の件が見事に吹き飛ぶほどのインパクトだった。憂鬱な毎日だった。プロレスに対する世間の偏見や軽蔑と闘ってきた猪木だが、よりによって世間の眼差しがスキャンダラスな猪木に向けられていたのだ。政治という場に出たことによってさらされていた。こんなブーメランはあろうか。

猪木、最大のピンチである。もちろんあくまで「疑惑」だが、猪木ファンとしては「猪木ならやってるかもしれない」と思ってしまう自分もいるのである。そんな自分も含めてまさに半信半疑、疑心暗鬼を生ずる毎日だったのだ。先ほど「猪木のダメージは凄まじかった」と書いたが、イコール「プロレスファンのダメージは凄まじかった」のである。自分の秘密の部分にスポットライトを照らされている感覚すらあった。

週刊プロレスは『猪木、大ピンチ!·されど我等がスーパースター』(93年7月6日号)と表紙に書いた。逆に言えばこれ以外書きようがない状況だった。

あらためて当時の様子をおさらいする。猪木スキャンダルが勃発した同年、『猪木とは何か?·』(紙のプロレス特別企画編集)というぶ厚いムック本が出た。このスキャンダルをきっかけに猪木を熟考するというコンセプトだった。お前らは何落ち込んでいるんだよ、猪木ファンならネガティブでマイナスなときの猪木を見てこそ、思考が活発化するんじゃないの? とハッパをかけられた気分になった名本である。

その中に猪木告発スキャンダルの時系列が詳しいページがある。参考になるので参照しよう。

まずきっかけは『週刊現代』93年5月29日号だった。

《独占スクープ第1弾 前秘書が爆弾手記、政治家とはいかに汚いものか アントニオ猪木参議院議員の「金まみれ」の愚行を告発する。私が手伝った「脱税工作」の一部始終。》

ここから『週刊現代』は毎週キャンペーン報道を始める。この後ワイドショーも参入し大スキャンダルに発展。6月15日に猪木議員の金銭疑惑を正式告発。6月30日に猪木はテレビ朝日『スーパーモーニング』に出演。猪木はインタビューに答えながら泣き出してしまう。

ここで注目していただきたいのは7月2日に行われた会見である。それは「新間寿会見」である。そうか、スポーツ平和党の幹事長として、または猪木の側近として、新間氏は佐藤氏へ反論会見を開いたのかと思う方もいるだろう。違うのだ。新間氏は「猪木を糾弾する会見」を行ったのである。

そう、このとき新間氏は佐藤氏とタッグを組んで猪木を責めたてる構図だったのだ。なんという展開。先ほど私は「離れたりくっついたり、外からはまず理解できない猪木&新間」と書いたがここでは完全に敵対していたのである。佐藤氏の告発の背後にいたのも新間氏という見方があった。

猪木は後年自伝でこのときのことを、こう書いている。

《新間とその愛人である元公設秘書の佐藤久美子氏が、週刊誌を使って、私を告発する大キャンペーンをはじめたのである》

《彼らは私が経理に無関心なのをいいことに、党の金を着服し続けていたのである。私は佐藤を馘首にし、経理をタッチさせないことにした。それが結局、彼らを怒らせたのだった。》

これは猪木側の見方である。

佐藤氏は騒動のこの年に本を出していている。《イラク行きはオイルの権利ほしさ》と猪木のイラク外交に言及したり、猪木が都知事選を下りたことについて《十三億円余の借金がチャラに》など、ありとあらゆる猪木の野望を書いていた。

これは佐藤氏側の見方だ。

一体、どっちが本当なんだ。いや、どっちも怪しいのかもしれない。この双方の言い分の読み比べだけでも「真実」とは何なのか考えさせられる。結局この告発は不起訴となったが、猪木と新聞の「愛憎」は20代になったばかりの私にとって、人間について考えさせられた騒動でもあった。

ちなみに『週刊現代』で猪木スキャンダルキャンペーンを始めた仙波久幸記者（後に『FRIDAY』編集長も務めた人でもある）は熱狂的な猪木信者でもあった。もし仮に自分が告発する側に回らなくても、どのみち他の雑誌でやることになるだろうと思った仙波氏は《よく猪木さんが「俺の首をかっ切ってみろ」とか言うけれど、「どうせやるなら自分の手で猪木議員の首をかっ切ってやろう」という決意をしたわけです。》と当時述べている（『猪木とは何か？』）。

熱狂的ファンとはかくも不思議でめんどくさいものなのである。猪木とそのスキャンダルは、ファンに「愛憎」という、強烈な感情を教えてくれた。

第12章

検証・政治家としてのアントニオ猪木

統一教会と猪木

93年に勃発したスポーツ平和党元秘書による猪木のスキャンダル告発。私は当時の報道をあらためて知ろうと記事や書籍を読み漁った。

前章でも言及した『猪木とは何か?』（紙のプロレス特別企画編集・1993年）というムック本には、当時のワイドショーの様子も時系列で載っていた。目が釘付けになったのが次のくだりだ。

「ザ・ワイド」（日本テレビ）6月18日　佐藤氏出演

《佐藤久美子氏が、猪木議員と統一教会の関係を語る。統一教会の幹部が、スポーツ平和党に普段から出入りしており、文鮮明の入国について動いてほしいと頼まれる。猪木氏は票と金のために受諾するものの、途中で断念。結果的に金丸氏に横取りされたかたちとなる。猪木氏は、「金丸のクソじじいは、俺のジャマばっかりしやがる」といって怒っていたというもの。》

2022年7月8日、安倍晋三元首相が奈良で選挙応援中に銃撃されて亡くなった事件後から旧統一教会（現在は世界平和統一家庭連合）問題があらためて注目された。山上徹也被告（殺人罪などで起訴）が、複雑な家庭背景で育ったからである。

旧統一教会信者である母親の献金などにより、彼の家庭が崩壊した問題が浮上したのだ。山上被告は教会の関連団体のイベントにビデオメッセージを寄せていたなど、関係が深かった安倍氏を狙ったといわれる。この銃撃事件以来、旧統一教会問題は30年ぶりにメディアで注目され、そのタイムラグは「空白の30年」ともいわれた。

40代から上の世代なら30年前の統一教会報道は覚えているだろう。平成初期、1992年に統一教会報道は世の中を席巻した。「合同結婚式」に日本の著名タレントなども参加したことを『週刊文春』が報じ、それを受けたワイドショーも連日報道した。猪木の告発問題がワイドショーで話題になったのは、その翌年である。つまり元秘書の佐藤久美子氏からすれば「統一教会と猪木」の話題を出せば、ワイドショー的にもホットだと考えたのかもしれない。

私が驚いたのは猪木が統一教会から「文鮮明の入国について動いてほしいと頼まれる」という箇所だった。統一教会はあの金丸信の前に、猪木のところへ陳情に行っていた？　これがいかに衝撃なのか。まずはこちらの記事で金丸信の当時の力を確認していただきたい。

『文鮮明氏は本来「入国不許可」だったが、金丸信氏「保証」で来日実現・．韓国外交文書』（読売新聞オンライン・2023年4月7日）

《「世界平和統一家庭連合」（旧統一教会）創設者の文鮮明氏が1992年に来日した際、本来は入国が不許可となるところ、自民党の金丸信副総裁（当時）の便宜で認められたことが、韓国外交省が6日公開した外交文書で明らかになった。》

当時、文氏は米国で脱税の有罪判決を受けて服役しており、入管法の規定で本来は入国できなかった。なので法務省は当初、不許可とするつもりだったが、金丸氏が「保証」したことにより、入国が認められたとの説明を受けたという。金丸信は90年には超党派で訪朝し、日朝国交正常化交渉開始を謳っていた。記事にはこうある。

《日朝国交正常化に意欲を燃やしていた金丸氏が、北朝鮮とパイプを持つ文氏に特段の配慮をしていたことをうかがわせるものだ。》（同前）

ここで92年の文鮮明入国時の状況をおさらいする。首相は宮澤喜一だったが、宮澤を首相にしたのは竹下派であり、竹下派を仕切っていたのが派閥会長で自民党副総裁の金丸信だった。つまり当時の政界最高実力者と言っていい。だから文鮮明も金丸信を頼って日本に入国したというのはわかる。わかりすぎるくらいだ。

しかし猪木の元秘書によれば、統一教会が文鮮明入国について動いてほしいと最初に頼んだのは金丸ではなく猪木だったということになる。権力ど真ん中の金丸信より一年生議員の猪木に頼んだ？　これにはどんな意味があるのか。

この記載をムック本で見つけた日の翌日、私は偶然にもジャーナリストの鈴木エイトさんとトークライブを行う予定となっていた。安倍氏の銃撃事件で注目される前から旧統一教会問題を20年以上にわたってコツコツと取材していたエイトさんは、まさにこの問題のオーソリティーとなっていた。

楽屋でエイトさんに猪木と統一教会の記述を見せると興味津々だった。そしてすぐさま「猪木さんは2008年に統一教会系のイベントに参加していますね」と教えてくれた。猪木、統一教会というキーワードがここでも出てきた。予想外の展開にドキドキしてきた。

まずムック本で書かれたことを確認する必要がある。佐藤元秘書のテレビ出演の発言が新聞記事になっているのかどうか。93年の猪木スキャンダルが掲載されているスポーツ紙を確認してみた。元秘書のワイドショーでの発言は6月18日となっていたが、なかなか見つからない。それもそのはず、93年6月18日は歴史的な出来事で大騒ぎになっていたのだ。「宮澤内閣不信任案可決」である。

このあとに行われた衆院選では、自民党は過半数に届かず非自民・非共産の細川連立政権が発足した。自民党が与党の座を明け渡すことにつながる歴史的な「不信任案可決」の日だったのである。翌日のスポーツ紙もこの政局を大々的に報じていたのだ。裏を返せば、こんな歴史的な日にもワイドショーは猪木問題をやっていたことになる。

というわけで、一般スポーツ紙の社会面や芸能面には『ザ・ワイド』の佐藤発言は載っていなかった。残るは夕刊紙の東京スポーツだ。

東スポを調べると、猪木スキャンダルを忖度なしで連日にわたって展開していた。あらためて凄いと思うのは東スポの「キラーぶり」だ。プロレスと共に歩んできた東スポなのにひとたびスキャンダルが発生すると猪木相手でも容赦ないのだ。まさに「親しき仲にもスキャンダル」（by文春）である。たとえばこんな一面見出しがあった。

『猪木　手作り千円事件』（93年6月17日付）

猪木のカネにまつわるエピソードで「空港で猪木氏が買い物をした後、紙きれに1000円と書いて『佐藤クン、お金ないのでこれで払っといて』と言って渡す」という佐藤氏の暴露をそのまま掲載している。東スポにかかれば、これで「千円事件」である。

6月29日付の一面見出しはこうだ。

『スクープ　舛添出馬!!猪木殺しだ』

何かと思ったら政治学者でタレントの舛添要一氏が「猪木のような国民を裏切る議員がいるからもう批判しているだけじゃやすまない!!　自分も国会の舞台に立つべき時期だと思ったんだ」と「深夜に表明」というのである。完全に猪木スキャンダルの便乗である。火事場の東スポの面目躍如だ（ちなみに、舛添氏はこの年には出馬していない）。

では、肝心の統一教会と猪木についての佐藤発言を東スポは報じていたのだろうか？　紙面を探していくと……あった！　番組放送の翌日の猪木記事に「新疑惑も続々浮上」（6月20日付）とある。

《佐藤久美子元秘書は18日もワイドショー番組に出演するなど、疑念究明に精力的に動いたが、この日、猪木議員と統一教会の意外な関係が同秘書によって暴露された。》

これだ！　内容を載せてみよう。

《昨年3月の統一教会の教祖・文鮮明氏の「違法入国」と猪木議員の関係について指摘。文氏は米国で脱税の罪を受けて84年から1年1か月間、服役した前科で日本入国は不可能となっていたが、金丸信自民党副総裁（当時）らの法務省に対する圧力で当時の田原隆法相に特別許可で入国したといわれているが、このとき、猪木議員が当初、裏工作に走っていたという新事実を明かした。

「文鮮明氏を日本に入国させるために協力してくれという連絡が統一教会からありました。猪木氏は〝これでカネが入ってくるんだから〟と話してました。報酬金額までは聞きませんでしたが、おそらく何億という単位だったでしょうね。この件で新間寿幹事長（スポーツ平和党）が熱海に呼ばれ、統一教会の神山威名誉会長と会談もしています」と同元秘書は仰天告白。しかし、法務省・入国管理局にこの話を持ち込んだ結果〝文氏の入国は法律上、難しい。やめといた方がいい〟と却下され断念。
「その後、金丸さんが間に入って来日が実現すると、猪木議員は〝金丸のクソジジイはオレのじゃまばかりする〟と悔しがっていました。〝統一教会は票と金になる〟と考えてましたからね」（佐藤元秘書）という。》
確かに佐藤氏はテレビでこのように発言したようだ。

ここで統一教会と日本の関係についておさらいしてみる。日本での源流をたどると、反共産主義を掲げる政治団体「国際勝共連合」の設立を、冷戦下に後押しした岸信介元首相に行き着く。国際勝共連合とは文鮮明氏が提唱し、1968年に創設された政治団体だ。岸信介氏の孫が安倍晋三氏である。なので日本における統一教会との関係は、岸一族がメインと考えられていた。

その一方でこの政治家も注目された。

《74年には教祖の文氏が来日。岸氏の系譜を受け継ぎ、後に清和会（現安倍派）を創設する福田赳夫蔵相（当時）が「アジアに偉大な指導者あらわる。その名は文鮮明」とあいさつし、文氏と握手している。》（毎日新聞・2022年9月15日）

福田は首相にもなった大物だが、福田と交遊があったのがアントニオ猪木だった。

《実は猪木が政界に興味を持ち始めたのは、レスラーとして脂の乗りきった1980年代初頭と、随分早かった。福田赳夫元首相の弟・宏一氏が猪木の後援会長をしていた縁もあり、猪木は選挙応援でたびたび福田氏の地元に足を運んでいた。当時を知る友人が回想する。

「猪木さんはいつも福田（赳夫）先生の隣に立って挨拶をするんだけど、自分よりも福田先生のスピーチの方が圧倒的に拍手が多いわけです。その熱気はプロレスで感じるのとはまったくの別物。それに感化されたのか、猪木さんは『俺が選挙に出たら受かるかな？』と何度も聞いてきました」》（週刊文春・2022年10月13日号）

福田赳夫が猪木と記念撮影をした写真は私も覚えがある。猪木の参謀であった新間寿氏が1983年に竹内宏介、櫻井康雄と出した共著『リングの目激者』（タイールママ）を見ると福田赳夫は猪木と共に「序にかえて」を寄せている。政界進出後も猪木は福田を頼っていた。

文鮮明入国に関して統一教会が猪木に近づいたのは、福田赳夫の力を借りるために猪木が使えると思ったのだろうか？　それとも他に何か理由が？　統一教会について詳しく知っている人に話を聞かなくてはいけない。

有田芳生と政治部記者と考える猪木

私は有田芳生氏に取材を申し込んだ。統一教会問題を40年以上取材してきた人だ。出版社勤務を経てフリージャーナリストとして活動し、統一教会、オウム真理教事件等の報道にたずさわってきた。90年代からテレビ番組でもコメンテーターとして出演。22年までは国会議員として活動していた。

「猪木さんと統一教会の記事を見つけたんですか?」

有田氏はそう言ってしばらく記事を読むと、まず当時の経緯から振り返ってくれた。統一教会は1954年に文鮮明が韓国でつくったこと。日本への布教は1958年から始めたこと。61年5月16日に韓国で軍事クーデターが起きて朴正熙(パク・チョンヒ)が大統領になり、KCIA(韓国大統領直属の情報機関)ができたこと。

有田氏はこう続ける。

「60年代の韓国は独裁政治で北朝鮮と対立する状況でいってたんですけど、1969年にニクソンが大統領になると、アメリカがベトナムから段階的に撤退するんです。そして、同時に韓国のアメリカ軍も段階的に縮小しようと言い出すんですよ。北朝鮮と対立している朴正熙からすればアメリカ軍がいなくなったら困る。なので、KCIAと一緒になって統一教会を使ってアメリカでの政界工作を69年から始めるんですよ」

具体的にはどんな工作なんですか？

「PRチームと言って、アメリカの上院・下院議員の買収工作をしたんです。高級腕時計を与えたり、脈があるなと思う人にはニューヨークのヒルトンホテルに呼んで食事をご馳走したり、韓国に来てくれたらお金も全部持ちますよ、美しい女性も与えますよみたいなことをやって。それがアメリカで70年代に問題になった。米下院にフレイザー委員会というのができて、韓国の独裁政権と統一教会を調べ始めた。そこで、統一教会というのは宗教の顔、政治の顔、多国籍企業であり準軍事組織という危ない面を持っているという分析がされたんです」

統一教会をめぐって韓国とアメリカの情報戦があったと。

「その経過のなかで文鮮明が1972年からアメリカで活動を始めるんだけども、脱税をやっていたことがわかって1984年に1年6カ月の実刑判決で刑務所に入れられたんです。その時に岸信介が当時のレーガン米大統領に2回手紙を書いて助けてやってくれと頼んだんですよ。文鮮明は愛国者だと言ってね。そのおかげで1年1カ月で出所できた。それが85年」

85年、当時の日本では統一教会はどんな状況だったのですか？

「霊感商法がピークだったんです」

ああ……。

「75年7月に文鮮明が日本の統一教会の組織に『お金を送れ』という命令を出して、それで霊感商法が始まった。それが、84年から85年ごろにひとつのピークになるんですよ。すると当然、被害相談も増える。でも、教会としては信者たちにもっと頑張ってもらわなくてはいけない。そのためには、文鮮明に日本に来て励ましてもらわなくてはいけない。だけど、アメリカで実刑判決を食らってるから入管法により入国できない」

そこから教会はどんなアピールを考えたのですか？

「91年11月30日に文鮮明が香港から北京を経由して北朝鮮に入って、12月に金日成と会談をしたんです」

あれだけ「反共」と言ってた文鮮明が、北朝鮮の金日成と会談！　一体、どんな意図があったのでしょうか。

「統一教会はアピールに使おうとしたんですよ。東西冷戦が崩れたけれど、アジアには中国と北朝鮮が残っている。だから、西側諸国は金日成と会談をした文鮮明に話を聞く意味があるだろう、というロジックを考えたんですね」

なるほどそういう理屈ですか。

「日本でも同時期に文鮮明を入国させるべきだという議員連盟もできたけど、外務省も法務省も当然反対なんですよ。法律違反ですからね」

となると他の手段としては……。

「そのときに統一教会は猪木さんに接近したんでしょうね」

ここで猪木議員ですか。

「統一教会は北朝鮮と接点があるところにいろいろ声をかけた。その中で猪木さんにも声をかけたんでしょうね」

ポイントは「北朝鮮と接点」であると。では、統一教会が猪木さんに目を付けた理由というのはどんな可能性が？

「猪木さんは力道山の弟子ですからね。力道山は北朝鮮出身です。だから猪木さんの名前で動かせると考えたのでしょうね」

有田氏の考察では、猪木は力道山の弟子として期待された可能性が高いという。福田赳夫ルートより、教会が当時接近していた北朝鮮ルートである。調べてみると北朝鮮は1998年、力道山の娘婿の朴明哲氏を体育相に起用していた（朝日新聞GLOBE＋・2022年10月2日）。それほど北朝鮮では力道山ブランドが強かったことになる。2013年12月には『正恩氏が新スキー場視察 力道山の娘婿も同行』（ソウル聯合ニュース）という記事も確認できた。

しかし、猪木さん個人の力では文鮮明の入国はできなかった？

「個人の力じゃ法務省は動かないわけですよ。だから金丸さんだったのでしょう。90年には金丸さんは訪朝してましたし。金丸さんは法務省や大臣に掛け合って『俺が責任持つから入れてやってくれ』っていうんで念書を書かせたんです。日本では信者たちに説教をしないという約束をね。それで超法規的に92年の3月26日に入国させるんですよ。文鮮明は中曽根康弘とも会談した。でも約束を破って東京・名古屋・大阪で信者集めて『頑張れ』とやったんです。そうすると信者たちはまた活動しますから金が入ってくる。その結果、文鮮明が日本に入国した92以降は被害相談が1000件以上に増えるわけですよ」

結果的に超法規的に入国させた金丸信の行動は大問題だったことがわかる。

さて、ここで思い当たることがある。私は猪木を議員になる前から見ていたわけだが、猪木が「師匠力道山の故郷、北朝鮮」と言いだしたのは議員になってからの印象だった。

猪木自伝にもこう書いてある。

《恥ずかしい話だが、私は朝鮮問題についての知識がほとんどなかった。民族差別のことも植民地支配も、それほど詳しく知らない。それで、北朝鮮の資料を取り寄せて勉強をはじめた。資料を読み込んでいくうち、私は師匠の力道山について考えるようになった》

これは1994年の北朝鮮の核査察問題の頃だと書いている。その3年前の1991年には

《力道山の娘が今も北朝鮮に住んでいるという新聞記事を読んだことがある》とも書いている。猪木は力道山が故郷の土を踏まずに死んだ無念の代わりに、訪朝したいと考えた。《それは望郷の念である》《彼が果たせなかった夢を、弟子である自分が果たすことが、恩返しだと思った》という。

一方で、もし猪木が統一教会から1991年頃に文鮮明入国のアプローチを受けていたとしたら、それも北朝鮮に関心を持ち始めた大きな要因なのかもしれない。猪木は94年に初訪朝。95年には「平和の祭典」と銘打ち、平壌のメーデースタジアムで北朝鮮初のプロレスの興行を大々的に開催している。急激な接近だ。

あらためて有田氏に問うてみた。統一教会からアプローチがあったからこそ、猪木は自分と北朝鮮の関係性に気づいた可能性も？

「それもあるかもしれないねぇ」

有田氏は続けた。

「力道山ファミリーは後に北朝鮮で大臣をやっていた。だから、北朝鮮にとっても力道山の弟子の猪木さんは特別だったんでしょう。国会議員時代に猪木さんと酒を飲んだことがあるんですが『普通日本人が北朝鮮に行くと監視が厳しいけど、自分は朝から自由にランニングできる』って言ってましたよ。ただね、拉致問題で猪木さんを使えばいいって言う人がいるんだけども、北朝鮮というのは縦割りだから、いくら猪木さんでも動けばいいという問題ではないんですよ。議員個人に期待してもダメなんですよ」

今回もうひとつ有田氏に確認したいことがあった。鈴木エイト氏が「猪木さんは２００８年に統一教会系のイベントに参加していますね」と教えてくれた件だ。調べると２００８年11月15日の有田氏のブログにこう書かれていた。

《〈速報〉統一教会系集会にアントニオ猪木参加！

統一教会が味の素スタジアムで本日開催した大会でサプライズがあると言われていた。そのゲストは何とアントニオ猪木さん。信者によれば「出演料が高かったんでしょうね」とのこと》

猪木に教会が近づいたと言われる１９９１年頃から17年後のことである。何か連続性があるのだろうか。

「このイベントの猪木さんの出演は、政治的な意味よりもお金（ギャラ）が良かったからでしょう」

このときの猪木は国会議員ではなく、「元気ですかー!」「1、2、3、ダー!」でイベントに引っ張りだこの時期。調べてみると味の素スタジアムでは猪木は「ダー!」だけをやったようだ。ボビー・オロゴンも出演していたというから、やはり盛り上げるためのゲストだったようだ。

ちなみに私はこの年の1月にサーカスのドラリオンを観に行ったらPRも兼ねた公演とあって、いきなり猪木が出てきて驚いたことを覚えている。猪木はマイクを持つと観客に向かって「ドラリオンのみなさん、元気ですかーっ」と叫んでいた。この時期の猪木の売れっ子ぶりを思い出した。

有田氏の貴重な話は続く。

「とにかくねぇ、お金が凄いんですよね。統一教会の毎月の対策費は1億円という資料を僕は持っているんですよ。韓国の統一教会の本部の資料です。国会議員対策と裁判対策だというんですが」

その金も日本の信者からの献金で多くは成り立っていると考えると問題の深刻さがわかる。やはり、統一教会が北に接近しだした理由に金もあるのだろうか。

「冷戦体制が崩れて、89年ごろに文鮮明が北に入る。そのときはまだ北に家族がいたんですよ、文鮮明は北朝鮮出身ですからね。生まれ故郷だから経済協力もしますよといって平和自動車という合弁企業もつくったり、ホテルの経営をやったり。道路を舗装したり、北朝鮮にとってもいいわけですよ」

冷戦が崩れてからは経済がキーワードですか。

「日本からも、この頃から教祖の生まれ故郷ツアーというのをやるんですよ。統一教会の会社で。礼拝所もあってお金も落としていくというね。だからあの頃は、文鮮明は『勝共』とは言わなくなったんですよ。その代わり『頭翼思想』と言い出したんです。冷戦は終わった、これからは左右の全体主義を克服するのが我々の責任だと。そういう言い方をしだした。北の経済が成長して、さらには統一協会が掲げる南北統一が実現されるとなれば、大きな利益になります。表では宗教団体の顔をしてるけど経済、お金集め優先なんです」

言われてみれば猪木の平壌でのプロレスツアーも《朝鮮総連傘下の『中外旅行社』と大手旅行会社のＪＴＢとの共同開催という形》（文春オンライン・安藤海南男２０２２年10月７日）で行われたという。これだけでも北朝鮮にお金が落ちる形式になっていたことがわかる。

後に、北朝鮮関係筋の一人はこう語っている。

「北朝鮮は猪木に日朝関係改善の密使役を期待していたわけではない。ただ、日本の人気者で世論工作に便利だと考えただけだ。でも、猪木も訪朝するたびに記者に囲まれたし、自ら唱えた理念を実践する場も得た。猪木と北朝鮮は、お互いに相手を利用したということだろう」（朝日新聞ＧＬＯＢＥ＋同前）

北朝鮮の思惑、統一教会の思惑。猪木が対峙した相手は、世界的にも「仕掛け」の上手い組織だった。

最後に、政治家としてのアントニオ猪木という存在について聞いてみた。国会議員だった有田氏の実感も聞きたかったのだ。あの世界で存在感を示すということは猪木であれど難しいものなのだろうか？

「国会に行ってわかったけども衆参700人もいるわけでしょ。仕事なんてなかなかできないですよ。転出して知事とか首長になりたがる人がいるのはわかりますよ。国会議員は能力じゃなくて年次順なんですよ。それはどこの政党も同じなの。おかしな世界なんですよ。猪木さんがいくら力を持っていても、どこかの政党に入っちゃうとね……。だから大橋巨泉さんがそうだったでしょ。巨泉さん、頭にきてすぐ辞めちゃったでしょ？　しょうもない世界ですよ」

有田氏の言葉を聞きながら、猪木が長州力に「国会の中の政治家ってみんな『マッチメイク』だぞ」と語ったという言葉を思い出した。「仕事を一生懸命やる人もいるけど現状の大半はマッチメイクで、弱いマッチメイクをするヤツはみんな落ちていくし、権力に触ることもできない」という言葉を。

そういえば有田氏も自分の「マッチメイク」について語っていた。

「だから僕は拉致の問題とヘイトスピーチの問題に力を入れた。他の人がやらないから勝手にやってたわけ。あの世界で出世しようなんて思わないから、自由でしたけどね。でも労組とか組合系から支持を受けてる人は縛られちゃうから。原発反対と仮に思ってたとしても逆のこと言わないといけない人もいる」

　政治の世界で成りあがろうとすると、どういう条件が必要ですか？

「親の七光りがある人は優位でしょうね。単なる一期生じゃないですから。だから結局世襲、世襲ですよ。女性議員を増やそうなんて言っても、簡単には彼らはどかないですよ」

　こちらの質問にいろいろ答えながら有田氏は時折、猪木との会話も思い出すようだった。

「お酒飲んだとき、注射器出して打ってましたよ。糖尿病だったのかな。何も言わなかったけれど」

　注射を打ってまで、酒を飲む猪木。

　最後にふと、「猪木さん、いい人だったな」とつぶやいた。

　国会というリングで孤独な戦いを続けた有田氏を、猪木はどう思ったのだろうか。


　有田氏の話を聞いたあと、私は政治記者にも話を聞いてみた。永田町で見た猪木はどうだったのか。まずは昭和から永田町取材をしているベテランジャーナリストの話。

「猪木さんはジョーカー的な役割でしたね。外国に行っても偉い人たちに会えますし、文字通り体を張っていましたよね。私が北朝鮮に取材に行った際、猪木さんの金日成氏へのお土産が目立つところに飾られていたのが印象的でした。永田町ではスポーツ平和党は党派問わずに人気が高かったんです。やはり政治家の中にもプロレスが好きな人はたくさんいますからね。多くの人に可愛がられていたという印象です」

「ジョーカー」という猪木評はなるほどと思う。外務省など正規のルートとは関係なくド派手な外交をする猪木だったが、使い方次第ではもっと化けた可能性があったのかもしれない。猪木自身も「俺を使いこなせばいい」とよく言っていたのを思い出した。

次に、2014年から全国紙で猪木番として取材していた政治部記者に「猪木と北朝鮮」について聞いてみた。猪木は約30回も訪朝したが、果たしてどんな意味があったのか。現場で取材していた人はどう感じていたのか。

「猪木さんは、政治家としてというより興行師としての訪朝だったと感じました。政治記者として話を聞いていて、この人は外交のために訪朝する政治家じゃないんだ、イベント屋なんだと思ったんです。実際にそのときもプロレスイベントもやっていますが」

これは2015年8月30日、31日に開催された『インターナショナル・プロレスリング・フェスティバルｉｎ平壌』のことだ。イベント屋というと否定的なニュアンスにも聞こえるが、確かに「興行師」は猪木の本質でもあると私は思った。実際に、記者の次の言葉はこうだ。

「猪木さんは観客が何を求めているかを瞬時に感じ取る天才で、それがイラクでの人質解放につながり、国会議員としての北朝鮮訪問につながったのではないでしょうか。イラクでの成功体験で2匹目のドジョウを狙ったということでしょうか。国会議員になってからは世論を感じ取って、あわよくば拉致問題を進展させたいという思いがあったのでは？　拉致問題は触れてくれるなと外務省から言われていると何度もおっしゃっていました」

93年に元秘書は告発のなかで「アントニオ猪木は永田町にプロレスを持ちこんだ」と批判したが、猪木は政治家としても自分の手法を持ち込んだと考えれば、この言葉は否定的な響きだけではなくなる。「興行師」としていかに風穴を開けるか、それを永田町でも実践していたのだろうか。記者は続ける。

「世論を手のひらにのせ、世の中を振り向かせようという思惑も感じました」

目立ちたいという野心も当然あったに違いない。でも、それこそまさしく猪木がプロレス時代からおこなってきた「ライフワーク」でもある。

よくプロレスファンが集うと「猪木は北朝鮮で何かビジネスになる利権も狙っていたのでは」と冗談がてらに猪木らしさを語り合って盛り上がった。実際のところはどうなのか。

「あの北朝鮮からカネを引っ張るのは、相当に難しいんじゃないですかねぇ」

政治家・猪木の発言を調べるとこんなことも言っていた。北朝鮮の「資源」についてだ。

《ちょうど今回の（東京）五輪があるが、資材が足りないとか報道されている。砂利とか経済的なメリットを誰かが発信しないと。今は拉致の話しかしないが、北朝鮮がどういう資源を持っていて、レアメタルの宝庫だとか知らない人もいる。お互いが豊かになるためにどうしたらいいか。》（ホテルオークラ会見後・２０１４年7月7日）

やはりビジネスの件も考えていたのだろうか。猪木らしい。一方で、こうも語る。

《歴史認識をどこまでさかのぼるのか、今は拉致問題だけになっているが、人間愛とか。東アジアが対立構造になってしまったのか。これだけＯＤＡをやってもそれが評価されていない。政治が送るメッセージよりも、エンターテイメントが送るメッセージの方が強い》（日本外国特派員協会・２０１４年8月21日）

エンタメの力を使って、理想を語っているのも猪木らしい。

現実と理想、野心と純粋。そして猪木と北朝鮮。これら壮大な矛盾の組み合わせ。もしかしたらこれも猪木にとっての異種格闘技戦だったのかもしれない。にらみ合い、組合い、懐に入るチャンスを双方とも窺っていた。私たちが知る以上に「猪木対北朝鮮」はビッグマッチだったのかもしれない。

第13章

アントニオ猪木と猪木寛至を知る男

ここまで、私は一ファンとしての眼差しで猪木を見て、感じ取り、考えたことを書いてきた。すでに中学生の時点で、「猪木は客席から見ているのが一番いい」という結論を得ていたということも書いたが、プロレスラー、そして政治家アントニオ猪木を、至近距離で見続けた人物がいる。

猪木を愛し、慕い、裏切られ、裁判沙汰にもなり、それでもなお愛し、猪木訃報の際には、「猪木寛至さんはお亡くなりになりました。しかし私の中で燃える闘魂、アントニオ猪木は亡くなりません」と語った男、新間寿氏。

昭和の絶頂時の新日本プロレスの営業本部長として、過激な仕掛け人として、ベテランファンなら知らぬ者はいないだろう。猪木を支え、時には離れ、アントニオ猪木との「愛憎」にまみれた当事者でもある。

この方の話をやはり聞いてみたい。猪木さんを間近でみて、何を学んだんだろうか。何を知ったのだろうか。そして、どのような人物なのか。私のオファーに対し、新間氏は快諾してくれた。場所は、帝国ホテル。子どもの頃から見ていた新間寿氏と遂に話ができることになった。

スポーツ平和党幹事長から見た猪木

今年88歳になる新間氏は杖こそついていたものの、一度喋り出すと淀みなく問わず語りで語りだした。ああ、これが「新間節」なのか。目の前でこうして聞けるなんて感慨深い。

私はまず今年、2023年7月7日にNHKで放送された『アナザーストーリーズ 運命の分岐点』での『アントニオ猪木vs.モハメド・アリ〝世紀の一戦〟の真実』の話を向けてみた。番組では証言者の一人として新間氏がコメントしていたからだ。

「いやー、放送見たけど酷かったね。何でアリ側の証言なんているの？ 猪木アリ戦を仕掛けたのは私だよ。私だけの話でいいんだよ」と一気に語りだした。

番組ではアリサイドのコメントとしてプロモーターのボブ・アラム氏、マネージャーだったジーン・キルロイ氏、この一戦を検証した格闘技ジャーナリストのジョシュ・グロス氏が証言をしていたのだが、新間氏はこれが気に入らないという。私はあの構成はバランスが取れていて非常に良かったと感じたが新間氏は「私だけでいい」という。88歳でこの勢い。現役バリバリの頃の新間寿とはどれほどの猛者だったのか。少しだけ想像することができた。今、私の前には修羅場をくぐってきた伝説の人物がいる。

では、話をいろいろ聞いていこう。まずは、政治家猪木の話。

福田赳夫さんと猪木さんはどのように交流を持ったんでしょうか。

「それは私が猪木さんと福田先生をつなげていたからですよ。私が福田先生と知り合ったのは新日本プロレスに入る前なんです。福田赳夫先生にはとても可愛がってもらってね。きっかけは私の友人が福田先生の秘書をやっていたんです。ゴルフを始めたとき、そこのグループ仲間にいたんです」

こうして政界との縁ができた新間は、のちに選挙戦の手伝いもするようになったという。

「平沢勝栄先生の選挙のときなんか、僕も応援に行かされてね。相手が公明党の山口那津男さんだった。それで、ウチ（新間の実家）は日蓮宗で感通寺といってね。父親は日蓮宗のなかでもいろいろと役職もやっていたんです。その縁で、寅さんで有名な柴又帝釈天（日蓮宗）へ応援を頼みに行ったら、門前町の有力者を10人ばかり呼んでくれた。俳優の佐藤蛾次郎を選挙応援に出させて『日本をきれいにしよう』なんて運動をしたりして、日蓮宗のお寺がバックアップしてくれたんです。最初は相手（山口）は公明党の御曹司だから勝てないと言われたが、『日蓮宗がエセ日蓮宗に負けてたまるか！』と。檀家から何から集まってもらって盛り上がってね。結果、平沢先生は勝ったんだよ」

新間氏が振り返るこの選挙は１９９６年のことだろう。山口那津男は現在の公明党代表である。平沢対山口は大層なビッグマッチらしかったが、新間も選挙応援で絡んでいたとは。

政治とプロレスの関係は遠いようで近い。私がなるほどと膝を打ったのは次の話だ。新間氏は当時、地方で興行を打つにあたり、暴力団等が近寄ってきたことがたまにあったことを語り、「そういう時は福田先生にすぐ連絡したんです。すると地元の警察がすぐに動いてくれてね。次回から彼らは新日本プロレスには手を出さなくなりましたよ」と教えてくれたのだ。

この話を聞いてつながった。私の子どもの頃から猪木は「新日本プロレスはクリーンだ」とよくアピールしていたからだ。芸能など昭和の興行には暴力団とのしがらみがあると言われていた頃だったが、猪木はそれを否定していた。その理由は新間の話と一致する。大物政治家で権力者だった福田赳夫と懇意だったことを具体的に活用していたのだろう。

では、猪木と統一教会について。新間氏自身も熱海で統一教会の名誉会長と会談もしていたという証言もあった。一体、どんな話をしたのだろう。

「うーん、忘れちゃったなぁ……」

時間を置いて何度か尋ねてみたが、同じ答えだった。しかし金丸信のことを尋ねると、「(金丸信の地元)山梨に行って甲府駅前かなんかで『金丸信、冗談じゃない!』って演説したよね」と楽しそうに語った。ただ甲府で演説をした年は定かではなかった。金丸信と統一教会について批判したのか、それ以前の90年の金丸北朝鮮外交について批判演説をしたのか、そこはあやふやだった。それにしても、エネルギッシュなエピソードが続く。

新間の口からは、多くの大物政治家たちとの親交が語られた。

「森喜朗先生を文部大臣にするために動いたこともありましたね」

え……？

「森先生の秘書とは仲が良かった。そしたら『新間さん、森は中曽根内閣の大臣になれないですかね』って（言われて）。それで親しくさせてもらっていたテレビ朝日の三浦専務に『専務、森先生を大臣にお願いします』って言ってね。三浦さんは中曽根さんと昵懇《じっこん》だったからね」

正直に書くと、私は新間寿の〝大きな話〟を聞くのも楽しみであった。昭和のやり手人物にありがちな、自分を大きく見せる話法のことだ。森喜朗についての発言も、そういう距離感で味わうべきだろう。しかし、それを差し引いても新間氏の話には凄い名前が出てくる。「テレビ朝日の三浦専務」とはテレビ朝日の三浦甲子二（みうらきねじ）のことだ。テレビ朝日の天皇と呼ばれた、昭和メディア界の大物である。

さらに付け加えるなら、私が昨年末、22年12月に出版した『ヤラセと情熱　水曜スペシャル「川口浩探検隊」の真実』にも三浦甲子二の名前は出てきていた。

どんな文脈で出てきたのか。昭和の人気番組である川口浩探検シリーズの元制作スタッフたちに話を聞きくうちに、この番組の終了の遠因として、同じテレビ朝日の番組『アフタヌーンショー』で起きたヤラセリンチ事件があるのではという証言を得た。詳しくは拙著を確認していただくとして、ヤラセリンチ事件は時の首相・中曽根康弘までコメントを出すまでになった。報告を受けた中曽根首相は「非常に遺憾だ。こうした事件を繰り返さないようテレビ朝日に要請してほしい」と語ったのである。

これに対して番組の元ディレクターは事件後に書いた本で《中曽根首相の従来からの朝日嫌いと中曽根に近かった三浦甲子二がテレ朝の権力闘争で後退したことを挙げ「いつかテレ朝を叩いてやりたい」という政治的背景もあったように思えてならない》との見解を書いている。

中曽根首相と近かったというテレビ朝日の天皇・三浦甲子二。政治とメディア論としても見逃せない話である。さらに言えば、当時のテレビ番組や権力者のエピソードを調べれば三浦甲子二の名前が出てくるのは当然なのだということも痛感した。

どのタイミングで、新間は三浦甲子二と知遇を得たのだろうか。

「テレ朝のアナウンサーさんから紹介してもらったんです。『専務、アリ戦で借金をすごい額を抱えてしまったんです。格闘技戦の特別試合を組みますから、水曜スペシャルの枠で放送できないでしょうか』とお願いをしにいったんです」

三浦はこう答えた。

「新聞、どれくらい欲しいんだ?」

「3000万です」

そして秘書に、営業担当の局長を呼ぶように命じた。

「そこで局長に『おい、水曜スペシャル、新間のところを放映しろ』『2カ月に1度やれ』とね。私にもあらためて『新間、いくら欲しいんだ』って。『3000万です』と答えたら、局長、びっくりしちゃって。そうしたら『猪木と新間が借金をつくったんだ。それくらいうちで出してやれ！』」

なんと豪快。即断即決。こうして、普段の放映権料が「200万から250万くらい」の中、新日本プロレスは大きな収入源を得て、息を吹き返すこととなる。その上、新間は三浦とのパイプもできた。

「そのスペシャル枠の放送で、テレビ朝日に行くたびに挨拶をしにいきましたね。料亭に呼ばれて食事も何度か。テレビ朝日は、映画会社、新聞社とか何社かが共同で立ち上げた局で、色々と派閥があったんですけど、私は、三浦専務一筋でした」

新間と三浦の親交はその後も続いた。

「スポーツ平和党で猪木さんが出馬する時も、三浦専務に相談しました。それに、猪木さんの秘書だった佐藤久美子さんはね、三浦専務の親戚の子だったの。スポーツ平和党をつくる前からの話でね。三浦さんから『うちの親戚がアメリカから帰ってくるからどこかで面倒見てくれないかな』と言われて。私が政治家の先生たちと親交があるから、どこかで秘書として……と思ったんじゃないでしょうか。で、『手伝える？』と本人に聞いたらやるって言うから」

なんと。そういう関係性があったとは知らなかった。

「佐藤さんはやり手だった。全部自分で事務所を仕切ってくれて。お金の面もね。猪木さんからすれば煙たかったのだろうね」

『週刊現代』での告発後は新聞も佐藤氏を応援していた。というか新聞さんがバックにいたという構図でしたよね？

「うん、よくぞ書いてくれたと思ってね。猪木さんがあんなに党のお金を使い込んだらねぇ。だって三浦専務も週刊現代の編集部に電話入れて『連載を続けてくれ、どんどんやれ』って言ってたんだよ」

自分の親戚が関わっていたとはいえ、テレ朝の天皇がアンチ猪木側にいたとは想像以上の構図である。

ここで私は思い切って聞いてみた。

「猪木さんは自伝で『新聞とその愛人である元公設秘書の佐藤久美子』と書いていましたが、あれについては……」

「それは誰かに囁かれたんだねぇ。マスコミで佐藤さんの自宅に毎晩張り込んでいた人がいたけど、私は佐藤さんの家なんか知らないよ。そもそも三浦専務からの紹介の子に、どうして手を出すんだと」

ここで取材に同席していた平井丈雅氏（株式会社初代タイガーマスクＳＳＰＷ代表取締役）が「これは公に言っておいたほうがいいと思うのですが」と口を開いた。平井は89年のスポーツ平和党の選挙戦を学生として手伝い、代表幹事としても活動していた経緯がある。

「新間会長のことを悪く吹き込む人がいるんですよ。新間会長はスポーツ平和党時代も自分の分は自分で稼いできて、かつ猪木さんのために使うお金もつくってきて、金庫に入れていたんですよね」

それが本当なら新日本プロレス営業本部長として猪木のビジネス「アントンハイセル」の借金をやりくりしていたときと同じですね……。

「そうですね」

２人は口を揃えた。

新間は、スポーツ平和党でも猪木を支えた。平井はその苦労と功績を、知るひとりだ。

「佐藤さんは、猪木さんと袂を分かった後も、『７０１号室は毎日がドラマだった』と振り返っていました。それほど、あの日々はドラマチックなことがたくさんあったんです。猪木さんの部屋は、参議院会館701号室でした。上層階の角部屋で、国会議事堂がよく見える一番いい部屋ですよ。それも新聞会長の力があってこそだと思います」

イラクからの人質解放についても平井はこう語る。

「人質を解放して帰国するというときも、新聞会長がユセフトルコさんに頼んで、トルコ航空の飛行機を用意したんです。日本の航空会社は、人質解放のために飛行機は出せないということでしたので。そのチャーターの何千万というお金も、新聞会長が用意したんです」

新聞は思い出したようにこう振り返る。

「猪木さんが帰ってくるとなって、私はパッと考えたんです。『猪木さんは、最初に飛行機から出てくるだろうな』って。

飛行場でタラップまで行くのは国外扱いになってしまうらしくて、その手続きをしてから、私は一番先頭で猪木さんを出迎えました。飛行機のドアが開いたら、やっぱり猪木さんが一番前にいたんです。『ダメです。一番最後です。人質の皆さんが全員出ていった後に出てください』。こう言いました」

猪木は、人質となった人々が全員降り、彼らの家族、外務省の関係者、航空会社、マスコミ、その他多くの人々の万雷の拍手の中、タラップを降りた。まるで、プロレスのメインイベンターが最後に出てくるように。

素晴らしい演出ですね……と声を漏らした。

「そんなことが、パッと思いつくのが、新間寿」

たまらない笑顔だった。


国政に参入する前にも、政治家と近い関係を結んでいた新間から見ても、猪木に議員としての才覚はあったのだろうか。

「それはそうです。他の議員さんからも人気で、選挙応援なんてあちこちから来ました。でも、『社長、絶対に自民党議員以外と組むのはやめましょう。自民党以外と組んだら、猪木を安売りすることになりますよ』と言ってました。

猪木さんは『世界のアントニオ猪木』ですから。言わば、日本の大使なんです。キューバでもどの国にしても、私が当時の自民党総裁から親書をもらって行ける。『我が国の世界的な猪木を紹介します。アリと戦ったスポーツマンであり政治家です』というね。そんな強みはないですよ。そういうアイデア、他に誰が思いつくんだって」

しかし、その後の政界においての2人の関係は歪なものとなった。

「朝、猪木さんが言ったんです。『天の声が聞こえた。お前、（幹事長）辞めろ』って」

93年6月30日、猪木は党首を辞任。同日、新間も幹事長を辞任。愛憎の果てに、刺し違えたように思える。

新間さんはスポーツ平和党は楽しかったですか？

「楽しかった」

自分が政治家になるつもりはなかったのですか？

「ないです。猪木さんがなったほうがいいに決まってます。最強のアントニオ猪木という人がいたからこそ、我々、周りにいた人間はアイディアが出てきたんです。日本ではジャイアント馬場さんが富士山。猪木さんは馬場さんのあとでは富士山にはなれない。じゃあ、猪木をエベレストにしようと思ったんですよ。富士山を眼下に見下ろせるようにね。モハメド・アリ戦だって私がアイディアを出したんですよ」

プロレスにおいても裏方だった新間は、こうして、政界においても裏方を貫いた。猪木への心酔とそれを支える自負が、その言葉に隠しようがなく滲んだ。

もちろん、猪木の北朝鮮外交についても聞いた。

「猪木さんが北朝鮮にあんなに行ったのはわからないなぁ。北朝鮮の資源の既得権益を欲しかったのかな。『地下資源か何かでもあるんですか』って冗談で聞いたら『これから探すんだよ』って。凄い人だったなぁ」

猪木が入れ込んだ大テーマの一つ、北朝鮮。さすがの新間氏もその理由はさっぱりわからないという。

やはり猪木は凄い。そして、わからない。わからないから面白いのだ。だから、私は今もアントニオ猪木にワクワクしているのだ。

営業本部長から見た猪木

ここで新間氏に、アントニオ猪木との出会いからあらためて尋ねてみた。互いが若き日に東京プロレスで一緒になったが、裁判沙汰になった。経緯をおさらいする。日本プロレスを追われた豊登は若き猪木をエースとして引き抜き、新団体「東京プロレス」を旗揚げ。豊登は化粧品会社の営業を担当していた旧知の新間にも協力を頼んだ。しかし、テレビ中継のない東京プロレスはすぐに苦戦した。

《新間は、住職だった父親から借金したりして東プロの資金に充てていたが、豊登がギャンブルで使い込んでしまう。新間がいくら金策に走ろうが、東プロの金庫は空っぽ。それどころか、新間父子は猪木から不正経理まで疑われて、告訴合戦に発展する。》（サイト『週刊ファイト』・2022年8月1日）

こうしてあっという間に東京プロレスは崩壊した。新団体に夢破れた新間氏は地元の銅山で鉱夫をやっていた。

そのときはどう考えていたのですか？　プロレスにはもう関わらないと？

「関わらないというか関われない、と思っていたね」

地元の宇都宮に日本プロレスの興行があったので設営中の会場に3人ほどで行ったという。「いま山で鉱夫やってます」と試合前に挨拶したら、猪木はチケットを用意してくれた。

そのときの新間さんの猪木さんに対する気持ちはどんなものだったのですか。愛情なのか憎しみなのか。

「愛というよりはね、憎しみのほうが近いよね」

猪木はその後、日本プロレスを追放され、新日本プロレスを旗揚げした。新間の新日本プロレス入社のきっかけは猪木から興行の手伝いを頼まれたからという。

「あるとき声がかかってね、猪木さんがお前、栃木にいたから熊谷と藤岡の興行をやってくれないかと。どうするかなぁってねぇ……」

悩んだのですか?

「うれしかった」

やはりうれしかったのですか。

「猪木さん、俺のこと呼んでくれたのかぁってね」

新間は2つの興行を手掛け、熊谷は超満員、藤岡は8割5分埋めたという。記録を調べると新日本プロレス旗揚げ（1972年）の6月15日に埼玉・熊谷市民体育館、8月27日に群馬・藤岡市民体育館での興行記録があった。新間が言うのはおそらくこの両日だろう。

熊谷のメインは「猪木&木戸修対ジム・グラブマイヤー&ジョン・ファー」のタッグマッチ60分3本勝負で猪木組のストレート勝ち、藤岡のメインは「猪木&豊登対レオン・バクスター&サパタ・マルチネス」のタッグマッチ60分3本勝負で猪木組のストレート勝ちとなっている。お世辞にも外国人レスラーは豪華とは言えない中で、集客をどうしたのか。

「いろいろ動いたねぇ。新聞販売店に切符（チケット）を頼んだり、八百屋組合で話をさせてもらってお願いしますと頭下げたり。藤岡の市役所へ行って福田先生の名前を使って福祉協議会に寄付しますからといったら、その協議会の人が一緒に車に乗って回ってくれてね」

話を聞いていたら新聞の活動は選挙運動そのものにも聞こえた。

「切符を買ってもらったことが猪木さんに評価された。そこからだね」

新日本プロレスに入社した新間は猪木のために働き、さまざまな仕掛けや企画をもとに新日本プロレスは成長していった。80年代序盤に新間は「これはプロレスブームではない、新日本プロレスブームだ」とマスコミに言い切った。

そして1983年、新間が何年もかけてお膳立てした壮大な企画「IWGP」の決勝を遂に迎えた。しかし猪木はまさかのKO負け。「舌出し失神事件」である。

あの試合の結末は、新間さんが一番ショックだったのでは？

「もうショックなんてもんじゃない。なんでだろう……と」

新間の顔が今もゆがむ。

「ハルク（ホーガン）に『どうしたんだ』と聞いたらハルクは青い顔で『猪木に聞け……』と。坂口さんなんか猪木さんの様子を見て『まともにいっちゃった』と。ところが翌日会社に行ったら坂口さんが『人間不信』と書置きを残してハワイに行っちゃった」

新間さんは「人間不信」の意味はすぐにわかったんですか。

「わからない。僕は常にリングの中のことは全く口を挟まなかった。僕は絶対勝ってくれるものだと思っていた。アントニオ猪木はトレーニングも凄いし、やることやってたからね」

お話を聞いていると新間さんは散々な目に会っているのに、それでも猪木さんを慕い続けていたという姿が浮かびます。

「私はリングの中のレスラー達は神だと思っているんです。レスラーは毎日死ぬような思いでトレーニングしてそれをリング上で発揮する。そしてファンが喜ぶために自分たちの身を削りながらも努力している。私たちはファンが喜ぶのを見て喜ぶ。それが私たちなんだと。新日本プロレスの営業陣にはそう言ってましたよ」

新間氏の「ファンが喜ぶのを見て喜ぶ」という言葉が響く。私はプロレスファンとして聞いてみた。新間さんからみて猪木のベストマッチはなんでしょう？

「ストロング小林戦。私は毎晩一人で小林の家に通って交渉したんです、みんなに内緒でね。で、試合を見たらあんな凄い試合を……。アントニオ猪木は凄いと思ったね。あとで小林さんが言ってくれました。『あんなに私の技を引き出してくれてね。私は尊敬します』と」

では、実現させたかった試合はありますか？

「馬場さんですよ」

80年代序盤の全日本プロレスとの引き抜き戦争で、あいつはとれなかったというレスラーはいますか？

「ああ、ドリー・ファンク・ジュニアですよ」

ドリーですか！

「ニューヨーク（ビンス・マクマホン）から声をかけてもらった。IWGPの前にね。でも結局ビンスが『新間、NWAだけは手を突っこむのはやめたほうがいいぞ』と言われた」

若き日の猪木と伝説の名勝負をしたドリーとの試合を80年代に再び見られたら、それこそ「ファンが喜ぶのを見て喜ぶ」につながる。私が時空のロマンに浸っていると新間氏は懐かしむように一人でつぶやいた。

「猪木さんは本当に受けも良かったし攻めも良かったたし、あの人ぐらいトレーニングする人もいなかった……」

ここだ、このタイミングだ。今だからこそ聞いてみよう。

生まれ変わってまた猪木さんと出会ったら、また一緒にプロレスをやりますか？

「やりたいねぇ、やりたいよ。」

一拍置いて新間氏は言った。しみじみと、一段と大きな声で。


昭和からのファンならわかるだろうが、新間節と言えば猪木とのその時々の距離感によって発言の「柔らかさ」「キツさ」の濃淡がある印象があった。失礼を承知で書けば、半信半疑のうえで新間節を楽しむという心構えがこちらにはずっとあった。第三者にはわかり得ない愛憎があったのだから、感情の起伏も当然あるだろう。

だから今回の取材でも、新間氏の語ることに「客観的な正確さ」をあまり求めていなかった。そもそも時間が長すぎて忘れていることや思い違いもあるだろう。それより私が聞きたかったのは、御年88歳の新間氏の猪木への思いだった。現役バリバリの頃からはさすがに油が抜けた現在なら、しみじみとした人生の実感が聞けると思ったのである。

だからこそ、「やりたい」という言葉が聞けて、本当によかった。

猪木さんの好きなところも聞いてみた。

「トレーニング姿だねぇ」

猪木さんとの忘れられない光景はありますか?

「ヨーロッパ遠征だね(78年)。あのときは現地で5試合増やしてもらったんです。その分のギャラは同行していた倍賞美津子さんに『奥さん、これ会社に言わなくていいから』と全部渡した。倍賞さんは『うわー、新間さんありがとう。私、今日からマネージャーだからね』と喜んでくれて」

楽しそうな光景が目に浮かぶ。

「するとね、雨が降ってきた。猪木さんは雨宿り先を探すと言って車から降りていって、10分たっても帰ってこない。おかしいなぁと倍賞さんが捜しに行ったらね、中華料理屋があって猪木さんが1人でご飯に烏龍茶をぶっかけて食べてたって」

倍賞美津子はせっかくヨーロッパに来たのだから日本食はやめようと言っていたが、猪木は我慢できなかったらしい。2人に雨宿りの言い訳をして、お茶漬けを食べていたというわけだ。

「倍賞さんが呆れてね、『いいわ、今日は私があのギャラで払うから、あっちに行ってみんなで食べようよ』って言ってね。通訳のケン田島と私と倍賞さんと運転手と4人で食卓を囲んで。運転手にはチップたくさん渡して。倍賞さんというのは本当にハートが良くし、猪木さんとは最高にお似合いでしたよ」

激戦の間の何気ない一コマ。新間氏は懐かしそうに、楽しそうに話す。

しかしファンからするとあの遠征は後に「シュットガルトの惨劇」と呼ばれるほどの試合があった。猪木とローラン・ボックの対戦である（78年11月25日）。ボックはモハメド・アリ戦を実現させた猪木のネームバリューを当て込み、この遠征に呼んだ当事者でもあった。

《4分10ラウンドで行われた試合は、猪木がフルネルソンを決められたまま振り回され、受け身の取れないフロントスープレックスを食らった。空手チョップとヘッドバットで反撃するも、まったくいいところがなく、猪木は判定負けを喫した（猪木が欧州の硬いマットで負傷し、満身創痍だったことはテレビ放送だけでは伺い知ることはできなかった）。このツアーで猪木と3回対戦したボックは、1勝（判定）1敗（反則）1分け（両者リングアウト）と五分の戦いを演じた。》（東スポWEB・2022年8月5日）

新間は語る。

「忘れられないのは、この夜のことです。ローラン・ボックとやって猪木さん、落ち込んでいて。（その前の試合の負傷で）右の肩をやっちゃってね。部屋で治療器を僕がずっと肩に当てていたら『あー楽になった』と言いながら、猪木さんが寝ちゃった。僕はその後もベッドサイドに椅子を持って行って、そこに座って治療器を当てていた。3時間くらいして、猪木さんが目を覚ました。『新間、今何時だ』『朝4時ですよ』と。『お前あれからずっとやってくれていたのか、随分楽になったよ、ありがとうな』って。そのありがとうなっていう言葉がうれしくてうれしくて。ああ、良かった、俺はこの人のことをこうやって看病できてって……」

ああ、いい話だ。まさに人生の実感である。猪木とシンの戦いの描写がラブシーンなら、これもまた、ラブシーンだ。

今日は良い機会をいただいた。そう思って新間氏に礼を言い、取材を終えようとした。

「そういえばこないだのＮＨＫの猪木アリ戦のやつ、見たか？　あれは酷かったよねぇ。なんでアリ側の話なんて聞くの⁉　私だけの話でいいんだよ！　今度ＮＨＫに抗議で怒鳴り込んでやろうかと思ってるんだ」

またしてもＮＨＫの悪口を言い始めた。「いい話」ではまとめさせてくれない。誰もが、自分の中だけの猪木を、つまりは自分の大切なものを、語りたいのだ。その喜びもまた、猪木を見ることで学んだ。

精神

一、健康　忍耐　闘魂

一、精神に別事を残さず

一、時間の生命は大切に人生

一、今日為し得る事を明日
　　に延ばすなかれ

アントニオ猪木

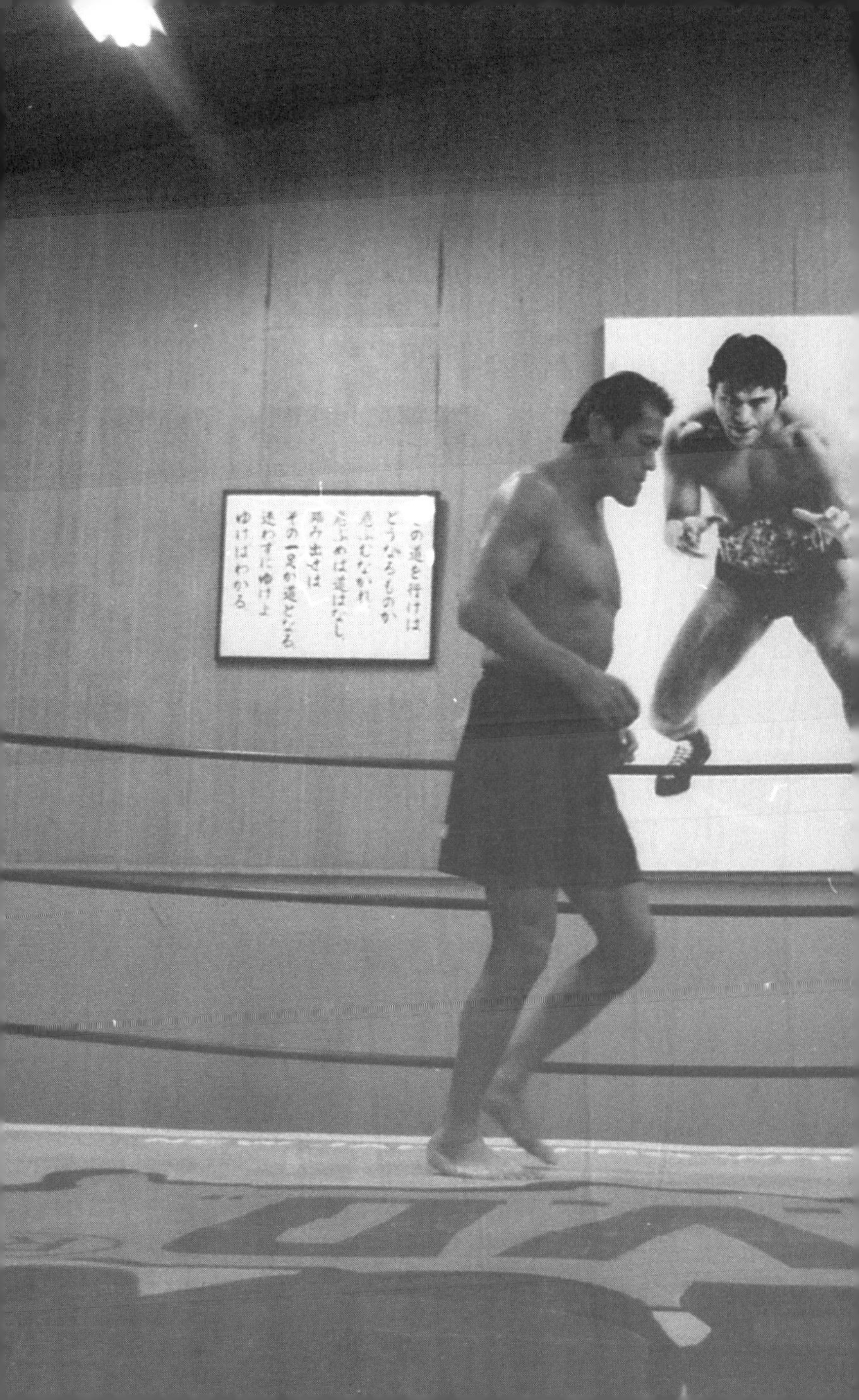
この道を行けば
どうなるものか
危ぶむなかれ
危ぶめば道はなし
踏み出せば
その一足が道となる
迷わずにゆけよ
ゆけばわかる

あとがき

雑誌の「雑」は「雑多」のよさであると思う。なのでパラパラとページをめくりながら読むのがちょうどいい。そこで偶然に出会う記事やコラムがよかったりするとうれしい。新聞ではやれない下世話な角度の企画もいい。どんな事件や事象であっても「人間」そのものに焦点をあてる企画も多い。そういう視点でしかたどり着けないこともある。

出版不況が叫ばれる中、雑誌は、業界全体でその刊行点数も部数も減り続けている。なくてもよいかもしれないがないとつまらない。こういう存在は、世の中にたくさんある。

先日、『中央公論』23年8月号をめくっていたら、ある企画が目に入った。「社交の復権」と銘打ち、『「文学の場所」が失われた現代　ゆるいつながりという処方箋　東畑開人×大木亜希子』という対談があった。臨床心理士と小説家の対談だ。なんとなく読んでいたら人と人との関わりがテーマで、頷くものが多かった。

《東畑　表裏あるところが人間の人間たる所以ですね。心理療法では、外ではきわめて丁寧でいい人が、実は誰のことも信じていなかったなど、隠れていた自己が全面的に展開されるのが治療的な仕事です。》

外ではきわめて丁寧でいい人が、実は誰のことも信じていなかった……。そういえば今回この本を書くにあたって猪木本の多くを再読してみたが、印象深かったのはプロレス評論家・竹内宏介氏による猪木評だ。猪木の「弱点」について2001年にこう記している。

《まず、人を絶対に信頼しない事。〝自分以外は誰も信じない〟事で、ここまでやってこられた反面、その性格故に失ったものも大きいと思う。それが〝猪木らしさ〟と言ってしまえばそれまでだが、あの内面的なやさしさを何度となく垣間見てきた私としては、その本質の部分が見過ごされて、何か〝非情〟な面だけが一人歩きしている風潮に苛立ちを感じる事もある。》

長年にわたり取材した人が感じたのだから、そうなのだろう。ここでいう「自分以外は誰も信じない」とは、傲慢というよりどこか達観した感じを私は受けた。でもそうかといって崇高なわけでもない。絶妙な人間臭さが漂う。

すると、『中央公論』の対談にこんな言葉があった。

《東畑　最近、人に言えない秘密を抱えていることこそ、人間の人間たる所以なのではないかと思い始めていて。社交を通じて立ち直ることもあるけど、社交の場では話せないし、シェアもできないような、どうしようもない自分もやっぱり存在するわけで。》

人に言えない秘密を抱えていることこそ、人間の人間たる所以。

簡単に「悩みを打ち明けて」とか言うけど、それで何も救ってくれないことがある。社交でも解決できないならどうすればよいのか。言葉を追っていると、猪木の顔が浮かんだ。
するとｒ「文学の力」が提案されていた。

《東畑　文学はいいと思います。物語にすることによる癒しってあるので。文学は善と悪ではないところ、余白にありますよね。》

物語にすることによる癒しがある？　善と悪ではない？　余白と行間……。自分で物語にしてもいいし、作品を堪能するのもいい。文学とはどうすることもできない人間の何かを代替してくれる存在なのだろうか。

《大木　文学は落とし所になるし、知っている人は幸せだと思います。》

わけのわからない衝動も、物語にすることによって表現になるのなら、文学はとんでもない落とし所だ。スターと言われる人は常人には理解しがたい作品をたまにつくったりするが、あれはそういうことだったのか。受け手の我々だってそうだ。わかりやすい解決を求め、それだけを欲していると思ったら大間違いだ。ひたすら余白を求めているのかもしれない。結論なき余白に浸っていたいと思いながら。

文学は「落とし所」であり、「物語にすることで癒し」があり、「善と悪でもない、余白がある」というならば、私にとって文学とはアントニオ猪木だった。猪木もそうやって文学に生きてきたんじゃないだろうか。

猪木は力道山のしごきに耐え、海外遠征で自信をつけた。しかし、日本プロレスの評価は馬場に比べてまだ低かった。それならばと新団体の東京プロレスに参加し、帰国第一戦の強豪ジョニー・バレンタイン戦はマスコミにも絶賛された。この試合に猪木は全ての衝動をぶつけたのだろう。日本プロレスに復帰後も馬場に対戦を迫り、新日本プロレス旗揚げ後は自身の作品『プロレス』を一目見てくれと問うた。無名だったタイガー・ジェット・シンと体を張って「怒り」を表現した。世間に自分の強さを証明するために格闘技戦も仕掛けた。プライベートでビジネスの問題や離婚といった難題に追い込まれる中、マサ斎藤との巌流島の闘いは、まさにわけのわからない衝動を物語に昇華させた。文学を「落とし所」というなら、猪木にとってプロレスは、自らの人生の必要不可欠な落とし所だったのだろうか。

そう、想像してしまうのである。時に難解な「文学」も突きつけられた観客は幸せだったと思う。ああ、いけない、考えすぎだな。でも、これが心地いいんだけども

いろいろ書いてきたけど、猪木はとにかくカッコよかった。アンドレやシンに立ち向かう猪木。拳を掲げながら怒りを高めていく猪木。リバースのインディアン・デスロックでうつぶせに倒れている相手の足を極めながら観客にアピールする猪木。カッコよかったなぁ、幼心に痺れた。歌舞伎役者が見得を切るのと匹敵するカッコよさかもしれない。

猪木はやられているときもカッコいい。ロープに飛ばされたら全力で返ってくる。だから相手の技もガチンと喰らってしまう。やられているからこその有無を言わさない迫力があった。猪木は常に怒っていた。観客と怒りを共有していた。報われないのだろうか、満たされないのだろうか、野心家なのだろうか。特に世の中の冷たい視線に対して「プロレスに市民権を」と訴えていた。市民権という言葉は猪木に教えてもらった。そういう猪木が不憫でもあり、子どもながらに一緒に怒っていた。自分が好きになった人が、虐げられているのは嫌だから。

市民権の証明とは何だろう？　プロレスがメジャーになることとか？　視聴率というものが高ければどうやらいいらしい。少年は金曜8時に『ワールドプロレスリング』が始まると家中のテレビをつけた。自分が見てる居間のテレビと、誰もいない洋間のテレビを。

「なんで誰もいない部屋のテレビをつけてるの！」

当然、母親は叫んだ。

ああ、そうは言うけれど。お母さん、猪木のためなんだ。この1時間だけつけさせて。毎週そう懇願した。少年は、視聴率の機械は全てのテレビに入っていると思っていたのである。笑ってしまうが本当の話だ。

猪木と毎週一緒に闘っていた。そんな思いすらある。そこまで思い詰めたファンだとは学校では言えずに、普通のプロレスファンのふりをした。我ながらめんどくさい状況だったと思う。

でも、その代わりに猪木からはたくさんの「！」「？」「!?」をもらった。あんな激しい高揚感はない。あらゆる感情を突きつけられ、自分の中のあらゆる感情が湧き出してくる。猪木のいない人生はありえない。

猪木は死んだが、猪木を語ることはこれからもずっと続く。アントニオ猪木を好きになるとは、そういうことだ。

著者プロフィール

プチ鹿島（プチかしま）
1970年、長野県生まれ。新聞14紙を読み比べ、スポーツ、文化、政治と幅広いジャンルからニュースを読み解く時事芸人。『お笑い公文書2022 こんな日本に誰がした！』（文藝春秋）、『芸人式新聞の読み方』（幻冬舎）、『教養としてのプロレス』『ヤラセと情熱　水曜スペシャル「川口浩探検隊」の真実』（小社）等、著作多数。『劇場版 センキョナンデス』『シン・ちむどんどん』等、ドキュメンタリー映画の監督でもある。

著者
プチ鹿島

STAFF
装　　画　吉村宗浩
写　　真　山内猛
デザイン　本村英二郎
編　　集　栗田歴
協　　力　猪木元気工場

印刷所・製本所
中央精版印刷株式会社

発行者
島野浩二

発行所
株式会社双葉社

教養《きょうよう》としてのアントニオ猪木《いのき》

2023年10月21日　第1刷発行

株式会社双葉社
〒162-8540　東京都新宿区東五軒町3番28号
[電話]03-5261-4818（営業）　03-5261-4827（編集）
http://www.futabasha.co.jp/（双葉社の書籍・コミック・ムックが買えます）

ISBN978-4-575-31833-3　C0076　